SCHÖNING'S REISEFÜHRER

NÜRNBERG

Text: Wolfgang Kootz, überarbeitet und erweitert von Karin Ecker
Konzept: Boris Fengler
Fotos: Archiv Edm. von König Verlag, S. Löhe, A. Cowin, Ingo Wandmacher,
Spielzeugmuseum Nürnberg, Museum der Stadt Nürnberg
Wir danken der Firma Haeberlein-Metzger
Pläne: Huber Kartographie, München,
VGN (Verkehrsverbund Großraum Nürnberg)
Redaktion: S. Gödecke

Gesamtherstellung und © Copyright by
SCHÖNING GmbH & CO KG
An der Hülshorst 5 · 23568 LÜBECK
☎ (04 51) 31 03-0 · Fax: (04 51) 3 52 83
E-mail: info@schoening-verlag.de
Internet: www.schoening-verlag.de
ISBN: 978-3-89917-327-6
11. Auflage

Inhaltsverzeichnis

HERZLICH WILLKOMMEN IN NÜRNBERG 3
NÜRNBERGS GESCHICHTE IN STICHWORTEN 4
EIN RUNDGANG DURCH ALT-NÜRNBERG 8
1. Die Burg 8
2. Tiergärtnertorplatz und Dürerhaus 16
3. Durch Altstadtgassen 21
4. Am Henkersteg 23
5. Das Spielzeugmuseum 26
6. Die St.-Sebaldus-Kirche 28
7. Am Fembohaus 35
8. Rund um die Egidienkirche 37
9. Das Rathaus 42
10. Hauptmarkt und Schöner Brunnen 48
11. Die Frauenkirche 52
12. Am Heilig-Geist-Spital 56
13. An der Katharinenkirche 58
14. Am Königstor 60
15. Mauthalle und Zeughaus 63
16. Das Germanische Nationalmuseum 64
17. Die St.-Lorenz-Kirche 67
18. Der Tugendbrunnen und das Nassauer Haus 76
19. Weißer Turm 79
20. An der Jakobskirche 81
21. Spittlertor und Rochusfriedhof 83
22. DB Museum – Verkehrsmuseum Nürnberg,
    Museum für Kommunikation 84
23. Unterwegs zum Neutor 86
24. Auf dem Johannisfriedhof 87
25. Auf den Spuren des Nationalsozialismus 89
26. Der Nürnberger Christkindlesmarkt 93
27. Rund um Nürnberg 95

Herzlich willkommen in Nürnberg!

Die mit fast 500.000 Einwohnern zweitgrößte Stadt Bayerns, „heimliche Hauptstadt" Frankens, liegt in der sandigen Ebene des mittelfränkischen Beckens. Die Pegnitz teilt die Altstadt in den Sebalder und den Lorenzer Stadtteil, genannt nach den Hauptkirchen Nürnbergs. Über beiden erhebt sich auf einem Sandsteinfelsen die mittelalterliche Burg als „Krone" der Stadt. Trotz oder gerade wegen des

Die Schildmauer vor dem runden Sinwellturm schirmte einst die Kaiserburg gegen die Burggrafenburg ab

für Ackerbau ungünstigen Bodens hat sich Nürnberg durch den Fleiß und den Geschäftssinn seiner Bürger bereits im Mittelalter zu einer der bedeutendsten Metropolen Deutschlands entwickelt. In des „Deutschen Reiches Schatzkästlein" wirkten Albrecht Dürer und Hans Sachs, Veit Stoß, Adam Kraft und Peter Vischer, Martin Behaim und Peter Henlein. Der Name Nürnberg erinnert an Lebkuchen und Bratwürste, Spielzeug und Meistersinger, den Nürnberger Trichter und den Christkindlesmarkt, an gotische Kunstschätze, mächtige Stadtmauern und ferne Reichstage, aber auch an die jüngere Geschichte mit den Reichsparteitagen, den Nürnberger Gesetzen und den Kriegsverbrecherprozessen. Der Reiz der Stadt für die Touristen – Nürnberg hat über 1,7 Millionen Übernachtungen pro Jahr – liegt wohl gerade in den Kontrasten zwischen erhaltenen und wiedererstandenen alten Kulturgütern und dem von Leben erfüllten Zeitgeist.

Nürnbergs Geschichte in Stichworten

16.07.1050	„Nôrenberc" erstmals urkundlich erwähnt, anlässlich der Freilassung der Leibeigenen Sigena durch Kaiser Heinrich III.
ab M.11. Jh.	Erste Gebäude der Burganlage, u. a. ein repräsentativer Saalbau, an der Stelle des östlichen Teils des heutigen Palas.
1140–1180	Ausbau der staufischen Kaiserburg unter Friedrich I. Barbarossa.
1181	Kaiser Friedrich I. Barbarossa nennt Nürnberg in einer Urkunde „Castrum nostrum" (Unsere Stadt).
1191/92	Graf Friedrich III. von Hohenzollern wird durch Heirat Burggraf Friedrich I. von Nürnberg.
1219	Kaiser Friedrich II. stellt den „Großen Freiheitsbrief" aus. In diesem ersten Stadtprivileg wird Nürnberg der Herrschaft des Reiches unterstellt.
1273	Die Burggrafschaft der Hohenzollern wird erblich.
1332	Kaiser Ludwig der Bayer bestätigt die Zollfreiheit der Nürnberger in 70 Orten des Reiches. Er weilt 74-mal in der Stadt.
1348/49	Handwerkeraufstand. Gegenrevolution der Patrizier erfolgreich.
1349	Kaiser Karl IV. erlaubt den Abriss des Judenviertels zugunsten eines großen Marktplatzes. 562 der ca. 1500 Bewohner des Judenviertels werden umgebracht.
1356	Karl IV. unterzeichnet das Reichsgesetz der „Goldenen Bulle": Die 7 Kurfürsten wählen jeweils den neuen König, dieser muss seinen ersten Reichstag in Nürnberg abhalten. Karl IV. weilt 52-mal in seiner Lieblingsstadt.
1377	Die Stadt errichtet den Turm „Luginsland".
um 1400	Letzte Stadtmauer um heutige Altstadt wird vollendet, der Grabenausbau ist bis 1452 abgeschlossen.

1415	Burggraf Friedrich VI. wird mit der Mark Brandenburg belehnt.
1420	Christoph Laiminger, Pfleger der Herzöge von Bayern, lässt die Burggrafenburg niederbrennen.
1424	Kaiser Sigismund, ein jüngerer Sohn Karls IV. verfügt, dass Nürnberg auf ewig Aufbewahrungsort der Reichskleinodien wird. Sie bleiben bis 1796 in der Stadt.
1427	Markgraf Friedrich von Brandenburg verkauft seinen verwüsteten Besitz und weitere Rechte für 120.000 Gulden an die Stadt.
1442	Kaiser Friedrich III. in Nürnberg; insgesamt sechs Besuche.
1449–53	Erster Markgrafenkrieg: Albrecht Achilles von Brandenburg-Ansbach, Sohn Friedrichs VI., verlangt den ehemaligen Besitz seiner Familie zurück. Er greift mit über 7000 Mann die Festung an, ohne sie einnehmen zu können.
ab 1470	Kulturelle Hochblüte mit Veit Stoß, Adam Kraft, Martin Behaim, Peter Vischer, Willibald Pirckheimer, Albrecht Dürer und Hans Sachs.
1487	Kaiser Friedrich III. hält glänzenden Reichstag.
1525	Reformation in Nürnberg.
1533	Erneut die Pest ausgebrochen: „Hans Tuchmacher und 14 Kinder an einem Tag gestorben". Weitere Pestwellen 1562 (5.754 Tote), 1585 (9.186 Tote), 1633/34 (15.661 Tote).
1543	Letzter Reichstag in Nürnberg.
1552–54	Zweiter Markgrafenkrieg: Albrecht „Alcibiades", Markgraf von Kulmbach kann die Festung nicht bezwingen, zerstört aber 2 Städte, 170 Dörfer, 3 Klöster, 19 Schlösser, 75 Herrensitze, 28 Mühlen, 23 Hammerschmieden und 3000 Morgen Wald auf Nürnberger Gebiet. Nach diesem Krieg hatte das einst reiche Nürnberg 3,5 Millionen Gulden Schulden.

1618–48	Dreißigjähriger Krieg: Nürnberg verhält sich neutral und bleibt hinter seinen dicken Mauern von den unmittelbaren Kriegseinflüssen verschont. Über 35.000 Menschen sterben aber 1632–34 an Hunger, Typhus, Ruhr und Pest. Der Niedergang setzt sich durch weitere Verschuldung fort.
1623	wurde in Altdorf die Universität (bestand bis 1809) der Reichsstadt Nürnberg eröffnet. Bereits 1526 war in Nürnberg eine Akademie gegründet worden, die 1575 nach dem nürnbergischen Altdorf verlegt wurde.
1649	Das Nürnberger Friedensmahl besiegelt das Ende des 30jährigen Krieges.
um 1800	Die Romantik entdeckt Nürnberg.
1806	Die Stadt wird dem neu entstandenen Königreich Bayern angegliedert.
1835	Erste deutsche Eisenbahn Nürnberg – Fürth.
19. Jahrh.	Entwicklung zur Industriestadt.
1834–46	Bau des Ludwig-Donau-Main-Kanals in einer Gesamtlänge von 177 km.
1927	1. Reichsparteitag der NSDAP in Nürnberg.
1935	„Nürnberger Gesetze": endgültige Ausschaltung der Juden aus der staatlichen Gemeinschaft.
1938	Letzter Reichsparteitag mit rund 1 Million Besuchern und Ausstellung der Reichskleinodien.
02.01.1945	über 90% der Altstadt werden beim Bombenangriff zerstört, 1.829 Menschen kommen um.
1945–49	„Nürnberger Prozesse" gegen die Hauptrepräsentanten des Naziregimes.
1950	wird die Internationale Spielwarenmesse erstmals abgehalten.
1955	Eröffnung des Flughafens Nürnberg im Kraftshofer Forst, nachdem der Flughafen am Marienberg während des Krieges zerstört war.
1961	Gründung der Universität Erlangen-Nürnberg. Mit heute über 21.000 Studenten die zweitgrößte in Bayern.

1966	Wiederaufbau der Altstadt größtenteils abgeschlossen.
1972	Eröffnung des Staatshafens Nürnberg am Europakanal, der seit 1992 vollendet ist und den Main mit der Donau verbindet. Geplant vor allem für den Schwertransportverkehr, doch nimmt die touristische Bedeutung der Wasserstraße für die Personenschifffahrt ständig zu.
1972	wurde der erste Teilabschnitt der U-Bahn von 3,7 km Länge dem Verkehr übergeben. In der Zwischenzeit sind die Linie U1 von Langwasser bis Fürth und die Linie U2 von Röthenbach bis Flughafen fertig gestellt. Die Erweiterung des U-Bahnnetzes mit der Line U3 hat bereits begonnen.
1973	Einweihung des neuen Messezentrums Nürnberg an der Münchener Straße.
1993	Eröffnung des Erweiterungsbaues des Germanischen Nationalmuseums sowie des von Dani Karavan geschaffenen Kunstwerks „Way of Human Rights" in der Kartäusergasse, wo sich nun der Haupteingang zum Museum befindet.
1995	Verleihung des 1. Internationalen Nürnberger Menschenrechtspreises an Sergej Kowaljow. Dieser Preis wird von der Stadt Nürnberg alle 2 Jahre an Persönlichkeiten vergeben, die sich um die Verwirklichung der Menschenrechte verdient gemacht haben.
1999	Die Fachakademie für Musik wird zur „Hochschule für Musik Nürnberg-Augsburg"
2000	Das „Neue Museum Nürnberg" – Staatliches Museum für Kunst und Design wird eröffnet
2001	Im Kopfbau der Kongresshalle wird das „Dokumentationszentrum Reichsparteitagsgelände" eröffnet
2001	Verleihung des UNESCO-Preises für Menschenrechtserziehung an die Stadt Nürnberg
2003	Die Städtischen Bühnen Nürnberg werden „Staatstheater Nürnberg"

EIN RUNDGANG DURCH ALT-NÜRNBERG

Bedingt durch die für eine mittelalterliche Stadt enormen Ausmaße (1,77 km²) und die Vielzahl der Sehenswürdigkeiten, die sich über das gesamte Altstadtgebiet verteilen, muss hier ein Rundgang, den man an einem Tag bewältigen kann, unvollständig bleiben. Unsere „kleine Führung" für Tagestouristen beschränkt sich daher überwiegend auf die „Pflichtübungen", zu denen wir den vorgeschlagenen Weg durch die Altstadt sowie die Innenbesichtigungen der beiden großen Kirchen St. Sebald und St. Lorenz zählen. Nur wer mehrere Tage in der Frankenmetropole weilt, kann einen umfassenderen Eindruck von den hier geschaffenen und gesammelten Kulturgütern gewinnen. Ihre Besichtigung ist daher als „erweiterter Rundgang" gekennzeichnet. Dazu gehören vor allem das Innere der Burg, die zahlreichen Museen, der Bereich um die Egidienkirche und die außerhalb der Stadtmauer gelegenen Friedhöfe, die man eventuell auch mit dem PKW erreichen kann.

1 Die Burg

Wir beginnen unseren Rundgang am Wahrzeichen und gleichzeitig der Keimzelle Nürnbergs, der Burg. Durch das Vestnertor von Norden oder über den steilen Anstieg mit dem „Himmelstor" von der Stadtseite her begeben wir uns zunächst an den höchsten Punkt des Geländes, den inneren Burghof. Wir befinden uns hier im Zentrum des mächtigsten Teils der Anlage, der **Kaiserburg.** Noch vor 1050 ließ Kaiser Heinrich III. auf dem Felsen eine Burg erbauen, um das Kronland zu sichern. Da das mittelalterliche Heilige Römische Reich keine Hauptstadt besaß, zogen die Herrscher mit ihrem Gefolge von einer Pfalz zur anderen und hielten Reichs- und Gerichtstage ab. Um die Geschäfte und Interessen des Kaisers wahrzunehmen, war in Nürnberg ein Burgvogt eingesetzt. Erste Nennung dieser Beamten erfolgte 1107, als die Brüder Konrad und Gottfried von Raabs (Niederösterreich) als Zeugen in einer kaiserlichen Urkunde mit Beinamen „von Nürnberg" erwähnt werden. Ab 1191 kam Friedrich von Zollern, nach dem Aussterben

Die Walpurgiskapelle der Burggrafenburg, Mauerbrüstung der Freiung und Sinwellturm

der Raabser, durch Heirat an das Amt des Burggrafen mit der Residenz in der heute so genannten Burggrafenburg.

Welche überragende Bedeutung damals Nürnberg besaß, geht daraus hervor, dass alle deutschen Herrscher zwischen 1050 und 1571 auf der Burg weilten, Kaiser Karl IV. allein 52-mal. Insgesamt gab es mehr als 300 Aufenthalte deutscher Herrscher in Nürnberg mit einer Vielzahl glänzender Reichs- und Hoftage. So war im Reichsgesetz der „Goldenen Bulle" von 1356 verfügt worden, dass jeder neugewählte deutsche König seinen ersten Reichstag in Nürnberg abhalten solle. Seit 1313 musste die Stadt die Reichsfestung instand halten, bekam dafür aber auch das Recht, in Abwesenheit des Kaisers eine Besatzung darauf zu halten.

Den Innenhof in Richtung Süden schließt der langgestreckte Bau des **Palas** ab, der im 15. Jahrhundert durch eine grundlegende Erneuerung und einen westlichen Anbau seine heutige Gestalt erhielt. Neben den beiden großen Sälen im Hauptgebäude gewann man auf diese Weise Raum für zwei Wohnräume des Kaisers. Den westlichen Abschluss des Hofes bildet die Kemenate, den nördlichen eine Wehrmauer und den östlichen das Kastellansgebäude.

Der Gebäudeteil der Kemenate fiel den Bomben des Zweiten Weltkrieges zum Opfer und wurde rekonstruiert. In ihm ist heute als Dependance des Germanischen Nationalmuseums, das Kaiserburg-Museum eingerichtet. Es veranschaulicht Baugeschichte und Bedeutung der Kaiserpfalz sowie Wehr- und Waffentechnik vom Mittelalter bis ins 19. Jahrhundert.

Durch ein wappengeschmücktes Portal treten wir in den Vorhof der Kaiserburg, den eine Reihe von Sandstein- und Fachwerkbauten umgibt: gleich rechts die zweistöckige

links:
Die Doppelkapelle von Osten mit sog. Heidenturm

rechts:
Das Brunnenhaus und das Sekretariatsgebäude mit Vorhof der Kaiserburg

unten:
Der „Tiefe Brunnen" reicht 50 m in den gewachsenen Felsen hinab

Kapelle – oben für Kaiser und Hofstaat, unten für die Ritterschaft. Vom anschließenden Heidenturm stammt das untere Geschoss noch aus dem 12. Jahrhundert. Mitten im Vorhof steht ein Brunnenhaus (1563) mit dem 50 m tief in den Fels gehauenen **Tiefen Brunnen**. Zur Sicherung der Trinkwasserversorgung hatten die Burgherren ihn wohl bereits mit den ersten Bauten der Kaiserburg errichten lassen. Noch heute beträgt sein durchschnittlicher Wasserstand 3 m. Bei einer Burgführung kann der Besucher einen Blick in den Brunnen werfen. Zwei malerische Fachwerkbauten aus dem 15./16. Jahrhundert bilden die Nordostecke des Hofes: das Sekretariatsgebäude und der Finanzstadel am Fuße des mächtigen **Sinwellturms** (sinwel = rund). Der runde Bergfried stammt aus der 2. Hälfte

des 13. Jahrhunderts, doch entstand der obere, ausladende Aufbau erst um 1560. Von oben ergibt sich ein umfassender Rundblick über die Burg und die Stadt.

Der „Sinwellturm" ist der Bergfried, d. h. der Hauptturm der Kaiserburg

Wer nicht an einem nur eintägigen Rundgang durch die Stadt interessiert ist, sollte es nicht versäumen, an einer Führung durch die **Innenräume** der Kaiserburg teilzunehmen. Die romanische Doppelkapelle aus dem ausgehenden 12. Jahrhundert ist das bedeutendste Baudenkmal der Burg. Die stämmigen Sandstein-Säulen der Unterkapelle bilden einen reizvollen Kontrast zu den schlanken Marmorsäulen der Kaiserkapelle, deren Gewölbe fast schwerelos wirken. Die Ausmalung des Gebetsstübchens in der Kaiserempore nahm Hans Springinklee um 1520 vor.

Der langgestreckte Rittersaal im Erdgeschoss des Palas besitzt eine mächtige Holzdecke mit 30 Querbalken, deren längs verlaufender Unterzug von 5 Eichenstützen getragen wird. Die der Stadt zugewandte Fensterfront ist zweifach abgeknickt und damit dem Verlauf des Burgfelsens angeglichen. Über eine Holztreppe erreichen wir den grundrissgleichen **Kaisersaal** im 1. Obergeschoss. Das spätgotische Portal an der östlichen Stirnwand führt, ebenso wie das im Rittersaal, in die Doppelkapelle. Ähnlich wie dort wirkt auch hier im Palas die Deckenkonstruktion im oberen Raum wesentlich leichter. Die Holzleisten sind in den alten Reichsfarben gelb und schwarz gehalten. Gemälde deutscher Kaiser und Fürsten zieren die Wände. Von hier oben bietet sich ein grandioser Blick über die Nürnberger Altstadt.

Die anschließenden Räume des westlichen Anbaus entstanden 1487 unter Friedrich III. Aus dieser Zeit konnte die Wandvertäfelung im kaiserlichen Empfangszimmer auch

Kaiserliche Stube im Obergeschoss des Palas

Fragmente eines spätgotischen Flügelaltares (1487)

beim Brand 1945 gerettet werden, ebenso die imponierende gemalte Decke mit dem riesigen Reichsadler. Als weitere Ausstattung sind Renaissance-Möbel als Leihgaben des Germanischen Nationalmuseums sowie mehrere kunstvolle Nürnberger Kachelöfen aus dem 16. und 17. Jahrhundert, die erst im 19. Jahrhundert hier eingebaut wurden, zu sehen.

Über den Vorhof und die Freiung gelangen wir zu den Überresten der Burggrafenburg. Diese ging 1192 durch Heirat in den Besitz der Zollern über, die von hier aus versuchten, ihre Hausmacht im fränkischen Raum auszudehnen. So kam es zwangsläufig zu Reibereien mit der Reichsstadt, die ja die Kaiserburg besetzt hielt. Sie errichtete im 14. Jahrhundert die Schildmauer vor dem Bergfried samt den Verbindungsstücken nach Norden und Süden sowie das Vestnertor, so dass die eigene Besatzung beide Zugänge zur Burg in Händen hatte. Der größte Affront gegen die Burggrafen war jedoch der Bau eines festen Turms, den die Stadt 1377 in nur 40 Tagen direkt vor der Burg aufrichten ließ. Als die Klagen des Grafen beim Kaiser nichts bewirkten, kam es zum Krieg und zur Besetzung der **Burggrafenburg,** 1388/89.

Zu allem Überfluss brannte die zurückerstattete Burg 1420 im Rahmen einer nachbarlichen Fehde nieder. Der Hohenzoller Friedrich VI. hatte durch die inzwischen gewonnene Mark Brandenburg ohnehin andere Interessen und verkaufte 1427 die Ruine und verschiedene Rechte für 120.000 Gulden an die Reichsstadt. Zwar versuchten zwei seiner Nachfolger, Fürsten von Ansbach und dem Titel nach noch Burggrafen von Nürnberg, die Ruine zurückzuerobern: die Stadt konnte jedoch trotz der 20 verbündeten Fürsten, 15 Bischöfe samt 7000 Grafen, Herren, Rittern und Knechten dem Ansturm im 1. Markgrafenkrieg (1449–53) ebenso standhalten wie im 2. Markgrafenkrieg 1552.

Der Platz zwischen den Mauern der Kaiser- und der Burggrafenburg, auf dem wir uns nun befinden, heißt Freiung: Wenn im Mittelalter ein Verbrecher diesen Platz erreicht hatte, genoss er das Asylrecht der Reichsstadt. Die 1420 niedergebrannte Burggrafenburg wurde nicht wieder aufgebaut, so dass nur die **Walpurgiskapelle** gegenüber der Schildmauer, das Burgamtmannsgebäude neben dem nördlichen Ausgang und der ehemalige Bergfried, der Fünfeckturm, übrig blieben. Letzterer stammt wohl aus der Mitte des 12. Jahrhunderts und ist das älteste Bauwerk Nürnbergs. Sein eigentümlicher Grundriss kam dadurch zustande, dass man einer der ursprünglich vier 2,50 m dicken Mauern eine Verstärkung von dreieckigem Grundriss zur Feindseite hin vorsetzte. Die Obergeschosse samt dem schlichten Holzerker fügte man nach dem Brand von 1420 hinzu. Am äußeren östlichen Rand der Anlage erhebt sich der 1377 erbaute **„Luginsland",** als Beobachtungsturm der Stadt. Die Baulücke zwischen den beiden Türmen ließ die Reichsstadt 1494/95 durch das massige Gebäude der **Kaiserstallung** füllen. In den sechs Dachge-

schossen wurde Getreide gelagert und während der Herrscherbesuche diente der Bau auch als Stallung für die kaiserlichen Pferde. Zusammen mit diesem Werk des Baumeisters Hans Beheim d. Ä. ergibt sich eine 200 m lange geschlossene Burganlage, die Nürnbergs Silhouette unverwechselbar macht. Die Kaiserstallung dient heute als Jugendherberge.

Von der Freiung aus haben wir einen umfassenden Ausblick auf die Altstadt mit den hohen, fast identischen Turmpaaren der Hauptkirchen St. Sebald und St. Lorenz.

Im Vordergrund der Fünfeckturm, dahinter Kaiserstallung und Luginsland

Sie gaben den beiden Stadtteilen, aus denen Alt-Nürnberg zusammengewachsen ist, ihren Namen: gleich unterhalb der Burg die Sebalder Altstadt, südlich des Flusses die Lorenzer. Das Dächergewirr der Altstadt wird an vier Stellen von den mächtigen Rundtürmen begrenzt, welche einst die Stadttore sicherten.

Burg
Tel.: 09 11 / 24 46 59-0
Geöffnet:
Oktober bis März 10–16 Uhr,
April bis September 9–18 Uhr
www.schloesser.bayern.de

Kaiserburgmuseum
Tel.: 09 11/2 00 95 40,
info@gnm.de, www.gnm.de
Geöffnet:
Oktober bis März 10–16 Uhr,
April bis September 9–18 Uhr

Tiergärtnertorplatz und Dürerhaus

Wir wählen den Abstieg an der Stadtseite. Hin und wieder wird der Felsen sichtbar, auf dem die Burg steht. Am Ende des steilen Abstiegs wenden wir uns scharf nach rechts in die Straße „Am Ölberg", die genau unterhalb der südlichen Burgmauern verläuft. Am Ende der Straße gelangt man in die Bastionen, die in Friedenszeiten als Burggarten dienten und heute noch dienen. Wenn wir uns im Burggarten links halten, finden wir am Ende der Bastion eine Treppe. Über sie gelangen wir auf den Wehrgang, der von hier bis hin zum Tiergärtnertor begehbar ist – das einzige Stück in Nürnberg – und besonders in Höhe des Tiergärtnertorplatzes reizvolle Ausblicke und Motive bietet.

Gegen Ende der Straße „Am Ölberg" führt eine Treppe nach links abwärts. Das abschließende Eckhaus rechts, das **Pilatushaus,** ist durch die große Statue des hl. Georg im Harnisch unverwechselbar. Hier hatte einst der Harnischmacher Hans Grünewald seine Werkstatt. Der prächtige Fachwerkbau entstand 1489. Überhaupt haben in diesem nordwestlichen Altstadtgebiet verhältnismäßig viele der alten Stein- und Fachwerkbauten die Zerstörungen des 2. Weltkrieges überstanden.

Schräg gegenüber vom Pilatushaus harmonieren die wuchtigere Fachwerkfassade der „Schranke" (1632 erstmals erwähnt) und das zierlichere Dürerhaus (um 1420) prächtig zusammen. Die mittelalterliche Stimmung des Platzes wird durch die Wehrbauten an der Nordwestflanke vervollständigt. Das ganze Ensemble überragt der **Tiergärtnertorturm**, der bereits zur vorletzten Stadtbefestigung des 13. Jahrhunderts gehörte, lediglich zwei neue Obergeschosse mit charakteristischen Polygonalerkern und Spitzhelm wurden 1516 aufgesetzt. In seltsamem Gegensatz zu diesem beschaulichen Bild längst vergangener Tage steht das rege Leben auf diesem Platz, beherrscht von Touristen und Gaststätten.

Einen besonderen Kontrastpunkt setzt die moderne Bronze eines überdimensionalen Hasen, umgeben von Artgenossen in natürlicher Größe. Die Skulptur „Hommage à

St. Georg der Drachentöter als Schutzheiliger der Harnischmacher am sog. „Pilatushaus", auch das „Haus zum geharnischten Mann" genannt

„Hommage à Dürer" – Bronze-Skulptur von Jürgen Goertz (1984)

Dürer" stellt durch Titel und Aufstellung auf dem belebten Platz einen Bezug zu Dürers meisterhaftem Aquarell her. Albrecht Dürer (1471–1528) kaufte 1509 das nach ihm benannte Gebäude von den Erben des Astronomen Bernhard Walter. Hier lebte und arbeitete der Meister bis zu seinem Tod. Das **Dürerhaus** dient heute als Museum, in

Tiergärtnertorplatz mit Blick auf das Wohnhaus Albrecht Dürers

Das Dürerhaus bei nächtlicher Beleuchtung

„Albrecht Dürer malt Kaiser Maximilian", ein Gemälde von Carl Jäger (1886)

welchem dem Besucher ein Eindruck von der Umwelt des großen Künstlers vermittelt wird. Die Küche ist sogar noch (außer den beweglichen Gegenständen) im Original erhalten, der reich ausgestattete Wohnraum im Stil der damaligen Zeit rekonstruiert. Im 2. Obergeschoss ist eine Werkstatt eingerichtet, mit all den Utensilien, die ein Maler und Kupferstecher zu Dürers Zeit benötigte. Auch eine originalgetreu nachgebaute Druckerpresse für den Holzschnitt befindet sich hier. Wenn auch keine originalen Dürergemälde ausgestellt sind, so zeigt eine Auswahl von Dürers Kupferstichen und Gemäldekopien doch, welchen enormen Einfluss Dürer auf andere Künstler ausgeübt hat. Die Multivisionsschau „Albertus Durer Noricus" finden wir in dem modernen Anbau. Sie führt in das Werk des Meisters ein.

Dürerhaus

Albrecht-Dürer-Str. 39
Geöffnet: Di. bis So. 10–17 Uhr,
Do. 10–20 Uhr, Tel.: 09 11/2 31 25 68
museen@stadt.nuernberg.de
www.museen.nuernberg.de

Durch Altstadtgassen

Zwischen dem Museum und der Schranke führt die **Dürerstraße** talwärts. Weitere Fachwerkbauten sind die Häuser Nummer 24 und 6 dieser Gasse, andere sind mit verspielten Chörlein verziert (Nr. 22 und 11). Noch mehr von diesen romantischen Fassadenerkern in Holz oder Stein finden wir in der **Füll,** in die wir am Ende der Dürerstraße nach links einbiegen. Dazu kommt eine Reihe kunstvoller Dacherker bei den Häusern Nr. 5, 7 und 9. Für ein Nürnberger Bürgerhaus aus jener Zeit besonders reich gestaltet ist das Haus Nr. 6, das neben Chörlein und Dacherker an der Straßenfassade eine zweistöckige Maßwerkbrüstung im Hof aufweist, wie es im 16. und 17. Jahrhundert üblich war.

Die Weißgerbergasse mit Fachwerkhäusern aus dem 15., 16. und 17. Jahrhundert

Schräg gegenüber führt zwischen den Häusern Nr. 5 und 7 hindurch eine Treppe abwärts zum **Weinmarkt.** Von links grüßen die Chörlein an den Gebäuden Nr. 1 und 2. Eine weitere hölzerne Hofgalerie mit nachgotischem Maßwerk (1620) besitzt das Haus Nr. 6 zusätzlich zu Chörlein und Dacherker an der Vorderfront. Wir überqueren den Weinmarkt nach halbrechts und erreichen die **Weißgerbergasse,** der wir nun folgen. Eine Reihe sehr reizvoller alter

Handwerkerhäuser in Stein und Fachwerk, verziert mit Chörlein und Erkern, machen diese Gasse zu einer der stimmungsvollsten in Nürnbergs Altstadt. Dazu gehört auch der Ausblick, den wir vom unteren Bereich der Gasse und vom Maxplatz auf die Stadtbefestigung haben. An dieser Stelle verlässt die durch eine kleine Insel geteilte Pegnitz die Altstadt durch zwei Brückenbogen, gesichert durch Wehrgänge, Türmchen, den Schlayerturm und eine kleine Bastei an der Außenseite. Weiter innen verbindet der **Kettensteg** aus dem Jahre 1824 die beiden Flussufer für Fußgänger.

Wir folgen nun dem **Maxplatz** stadteinwärts. In der Parkanlage rechts plätschert der Tritonbrunnen, 1687 zur Erinnerung an den Sieg Kaiser Leopolds I. über die Türken aufgestellt. Seine Titelfigur ist ein steinerner Fisch-Mann (Triton) aus dem Gefolge des Neptun.

Der klassizistische Brunnen (1821), markiert das Ende der Grünanlage. Die Medaillons sind Albrecht Dürer und Willibald Pirckheimer gewidmet.

Blick in die romantische Weißgerbergasse

4 Am Henkersteg

Schräg gegenüber liegt der wuchtige Bau des **Weinstadels** (1446–48), der ursprünglich nur zur Unterbringung der Leprakranken für drei Tage in der Karwoche diente. Als die Zahl der Erkrankten im 16. Jahrhundert zurückging, nutzte man das Gebäude auch als Weinlager und Armenhaus. Heute dient es als Studentenwohnheim der Universität Erlangen-Nürnberg. Der langgestreckte Weinstadel mit

Der Henkersteg von der Karlsbrücke aus gesehen

seinem vorragenden Fachwerk-Obergeschoss und dem schweren Satteldach ist einer der bedeutendsten und geräumigsten mittelalterlichen Fachwerkbauten, die bis heute erhalten geblieben sind. Von der Maxbrücke bietet das 48 m lange Gebäude zusammen mit dem Wasserturm und dem **Henkersteg** ein imposantes Gesamtbild. Diese letztgenannten Bauwerke gehören zur vorletzten Stadtbefestigung des 13./14. Jahrhunderts, als man den damaligen Flussauslauf durch einen gedeckten Wehrgang über den Brückenbogen sicherte. Jenseits des Henkerstürmchens – auf der Spitze der Insel – ist der alte Wehrgang durch eine überdachte Holzbrücke ersetzt.

Von der Maxbrücke flussabwärts haben wir einen Blick auf die letzte Stadtmauer und auf den mit Holzbohlen belegten „**Kettensteg**". 1824 von dem Mechaniker Johann Georg

Kuppler erbaut, war er die erste eiserne Hängebrücke Deutschlands und galt seinerzeit als technisches Meisterwerk.

Auf der linken Seite der Pegnitz entstand auf dem durch den Zweiten Weltkrieg zerstörten Areal des Kreuzgassen-Viertels ab 1989 eine architektonisch reizvolle Wohnan-

Der Giebel des Weinstadels, dahinter der Wasserturm und die Überbauung über die Pegnitz gehören zur vorletzten Stadtbefestigung

lage nach preisgekrönten Entwürfen der „Baufrösche", Kassel und Steidle + Partner, München.

Bald nach dem Überschreiten der Brücke öffnet sich die Straße zum **Unschlittplatz**. Der Brunnen mit dem zierlichen Dudelsackpfeifer wurde 1880 nach dem Holzmodell aus dem 16. Jahrhundert in Bronze gegossen. Das originale Holzmodell befindet sich heute im Germanischen Nationalmuseum. Dieser Dudelsackpfeifer verkörpert den Typus des „Nürnberger Stils" oder „Altdeutschen Stils", der im 19. Jahrhundert besonders beliebt war.

Durch die Initiative einer Bürgervereinigung konnte die malerische Häusergruppe rechts erhalten werden: Die beiden Fachwerkhäuser scheinen das schmale Steinhaus in ihrer Mitte stützen zu wollen. Wuchtig wirkt dagegen der reichsstädtische Getreidespeicher auf der anderen Seite des Platzes, das Unschlitthaus. Seine gewaltigen Dachflächen werden durch 76 Schleppgauben aufgelockert, welche die vier Böden entlüfteten. Das zweistöckige Sandsteingebäude war das erste der drei Kornhäuser, die Baumeister Hans Beheim d.Ä. um das Jahr 1500 für die Stadt Nürnberg errichtete. Dieser schlichte Zweckbau beherbergt noch heute städtische Behörden wie das Wahlamt und das Leihhaus. Das früher hier ansässige „Unschlitt-

Kettensteg und Schlayerturm eingerahmt von einem Vierpass der Brüstung auf der Maxbrücke

amt" – eine Sammelstelle für Rindertalg – gab dem Gebäude seinen Namen.

Vorbei am Treppengiebel des Unschlitthauses gehen wir nun die Obere Wörthstraße entlang. Hier dominieren schmale Trauffassaden, einige in Fachwerk, mit Dacherkern oder Chörlein geschmückt. Über die Obere Karlsbrücke (1728) gelangen wir auf die Insel „Trödelmarkt". Die Obelisken auf dem Mittelpfeiler der Brücke tragen einen Adler und eine Taube, die Gegenüberstellung von Krieg und Frieden. Von hier aus werfen wir noch einen Blick den Fluss hinunter zum malerischen Holzsteg und hinauf zur Fleischbrücke. Sie entstand 1596–98 in der Art der Rialto-Brücke in Venedig. Auf der Insel halten wir uns rechts und verlassen sie über den Schleifersteg. Vor dem 1571 erbauten „Fleischhaus" biegen wir nach links in die Winklerstraße ein, die geradewegs zur Sebalduskirche führt.

Das *Spielzeugmuseum*
(erweiterter Rundgang)

Wir überqueren die Augustinerstraße. Durch die Schustergasse werfen wir einen Blick auf die reich verzierte Renaissance-Fassade (um 1610) des Spielzeugmuseums der Stadt. Von dem Gebäude ist nur noch diese Fassade mit dem barocken Chörlein von 1720 erhalten geblieben und im Inneren eine Rokoko-Stuckdecke und Türen, die zu diesem Raum führen. Alles andere wurde nach 1969 durch einen Neubau ersetzt, nachdem die Stadt das baufällige Haus erworben hatte. Im Jahr 1971 öffnete das Spielzeugmuseum hier seine Pforten, und es gehört heute mit ca. 100.000 Besuchern im Jahr neben dem Germanischen Nationalmuseum und dem DB-Museum zu den wichtigen der zahlreichen Museen Nürnbergs. Es zeigt neben Bildern, Grafiken und Dokumenten zum Thema „Spielen" kulturgeschichtlich wertvolles Spielzeug, meist aus dem 18. bis 20. Jahrhundert. Legionen von Puppen mit Köpfen aus Wachs, Holz, Papiermaché, Porzellan, Kompositmasse, Metall, Biskuitporzellan oder Kunststoff bevölkern die Ausstellungsräume. Sie sind im Stil der jeweiligen Entstehungszeit gekleidet und frisiert, Miniaturausgaben der Menschen jener Epochen. Ebenso stilecht fertigte man die aus-

Ein Gang durch das Spielzeugmuseum begeistert die großen und kleinen Besucher

gestellten Puppenhäuser einschließlich der Möblierung der Räume und der winzigen Geräte bis hin zu Tellern und Krügen, Wärmflaschen und Rasierbecken. Kaufläden, Jahrmärkte und Gartenlauben entstanden in den Händen geschickter Handwerker ebenso wie die zahllosen Holzfiguren, welche Ställe und Lagerhäuser, Burgen und Bauernhöfe bevölkern. Die Nürnberger Spielzeughersteller waren besonders erfindungsreich im Heraustüfteln neuer Antriebs- und Steuermöglichkeiten der mechanischen Spielzeuge mit Uhrwerks-, Dampf-, Gas- und später Elektroantrieb. Mehr als ein Dutzend einheimische Spielzeugproduzenten waren an der Entwicklung von Modelleisenbahnen, Dampfmaschinen und Metallbaukästen beteiligt. So zeigt das Museum auf 30 m^2 eine in 24 Jahren Handarbeit in Nürnberg entstandene Modelleisenbahnanlage, die einen Eisenbahnknotenpunkt im Mittleren Westen der USA zum Vorbild hat. Die Liste der ausgestellten Gegenstände ließe sich über Bügeleisen und Schaukelpferde, Zinn- und Bleifiguren, Kasper- und Marionettenpuppen, und verschiedenste Blechspielzeuge noch beliebig verlängern.

So bunt und vielfältig wie die ausgestellten Gegenstände ist auch die Liste der Entstehungsgebiete des Spielzeugs: neben Nürnberg zunächst der Thüringer Wald, Berchtesgaden, das Grödner Tal in Südtirol, Oberammergau und etwa ab 1750 das Erzgebirge. Viele der ausgestellten Gegenstände stammen jedoch aus osteuropäischen und exotischen Ländern oder einfach aus den Händen eines Vaters, der sein Kind mit einem Spielzeug beschenkte. Seit Jahrhunderten gilt Nürnberg als „Weltspielzeugstadt", als Hersteller und Verleger des „Nürnberger Tands". Nichts lag also näher, als genau hier ein Spielzeugmuseum zu eröffnen und damit den zahlreichen Attraktionen der Stadt eine weitere hinzuzufügen.

Spielzeugmuseum

Karlstr. 13–15, Tel.: 09 11/2 31 31 64
museen@stadt.nuernberg.de
www.museen.nuernberg.de
Geöffnet: Di.–Fr. 10–17 Uhr, Sa.+So. 10–18 Uhr

Die St.-Sebaldus-Kirche

Wir wenden uns nun einem der beiden großen Gotteshäuser zu, der Sebalduskirche im Zentrum der Sebalder Altstadt. Ihr Vorgängerbau, die St.-Peters-Kapelle, in der sich wohl das Grab des heiligen Sebald befand, wird in Zusammenhang mit einer Wallfahrt von 1072 erwähnt. Da sich angeblich verschiedene Krankenheilungen ereigneten, wurde Sebald als Volksheiliger verehrt, jedoch erst 1425 vom Heiligen Stuhl anerkannt.

Um 1230 begann man mit dem Neubau der heutigen Kirche im Stil der Spätromanik. Teile des östlichen Querschiffs und den Ostchor ersetzte man zwischen 1361 und 1379 durch den mächtigen hochgotischen Chor.

Rundbogenfriese markieren die vier ursprünglichen unteren Geschosse der romanischen Westtürme mit ihren kleinen Fensteröffnungen. Das vierte Obergeschoss erhöhten die Baumeister der Gotik im Jahre 1345 und brachen große Fenster im Stil ihrer Zeit heraus. Um 1483 schließlich entstanden die hohen 5. Geschosse mit den Glockenstuben und den unterschiedlich hohen Schallfenstern, die Galerien als Abschluss sowie die zurückgesetzten 6. Geschosse mit den spitzen Helmen.

Zwischen den Türmen ragt der romanische Westchor heraus, der jedoch im Hauptgeschoss zu Beginn des 14. Jahrhunderts drei größere Fenster erhielt. Das mittlere ziert ein Kruzifix (1625) des Bronzegießers Johann Wurzelbauer (1595–1656).

In das Rundbogenfeld des Südturmportals fügte der Nürnberger Bildhauer Adam Kraft (um 1455/60–1508) ein kunstvolles Relief ein. Es zeigt Szenen aus der Legende des heiligen Kreuzes.

Wir betreten die Kirche durch das Portal im nördlichen Turm, Relief von Heinz Heiber. Die vielfältigen Ausstattungsstücke im Kircheninneren sind zumeist Stiftungen der vermögenden Nürnberger Patrizierfamilien. Durch die westliche Arkade gelangen wir ins Mittelschiff.

Die Spitze des „Schönen Brunnens" und die beiden Doppeltürme der St.-Sebaldus-Kirche

Das Epitaph an der Innenseite der linken Säule erinnert an Ursula Holzschuher († 1504). Unter der Marienkrönung sind ihr 1. Ehemann Paulus Imhoff, der 2. Mann Nicolaus Tetzel sowie die Frau selbst mit ihren 5 Töchtern gemalt. Gegenüber, am Triumphbogen des Westchors, krönt ein gotischer Baldachin die steinerne Statue eines der zwölf Apostel (um 1340/50). Am bronzenen Taufbecken (um 1430) im Westchor ist im Schaft eine Öffnung angebracht, von der aus man mittels Holzkohle das Wasser im oberen Einsatz erwärmte. Die 4 Evangelisten tragen den Korpus, der ebenso wie der Schaft mit Relieffiguren von Aposteln und Heiligen geschmückt ist.

Wir folgen dem Verlauf des romanischen Mittelschiffs, das jedoch bereits spitzbogige Arkaden aufweist. Die offenen Arkadenreihen über dem Gurtgesims bilden ein beliebtes Schmuckmotiv der Romanik. Die Wände schließen mit dem Obergaden ab, wo die Runddienste über Knospenkapitelle zum Kreuzrippengewölbe fortgeführt sind. Über dem Westchor wölbt sich der Engelschor. Das kunstvolle Sandsteinrelief am 2. Pfeiler rechts fertigte Adam Kraft im Jahre 1506 für den Patrizier Peter Harsdörfer. Es stellt die Kreuztragung Christi dar.

Weiter östlich im hellen Hallenchor sind die Seitenschiffe ebenso hoch wie das Hauptschiff und als Chorumgang ausgebildet. An einem südlichen Pfeiler des Ostchores ist eine Totentafel für Carl III. Holzschuher (1423–1480) angebracht, eine Kopie (Mitte des 17. Jhs.) nach dem von Albrecht Dürer um 1498/1500 geschaffenen Original.

Wir bleiben auch hier im Mittelschiff, um zunächst eines der beachtenswertesten Einrichtungsstücke der Kirche zu betrachten: das **Sebaldusgrab**. Es handelt sich um einen Messingguss der Gießhütte Peter Vischers d. Ä. von 4,71 m Höhe, das seit 1519 das würdige Gehäuse für den gotischen Reliquienschrein (1391/97) des Kirchenheiligen bildet. 4 Delphine und 12 Schnecken tragen die Sockelplatte. Über einem mit Reliefs verzierten Unterbau wölbt sich ein dreijochiger spätgotischer Baldachinraum zur Aufnahme des Reliquienschreines. Darüber erhebt sich ein Aufbau im Stil der Renaissance. In einer Nische an der Ostseite ist Meister Peter Vischer d. Ä. – in Arbeitskleidung – darge-

Grabmal des Hl. Sebald von Peter Vischer d. Ä. und seinen Söhnen (1507–1519) mit dem silbernen Reliquienschrein (1391/97), der die Gebeine des Heiligen birgt

stellt. An den Ecken der Grundplatte sitzen vier antike Helden und vor den Zwischensockeln ruhen die weiblichen Figuren der Kardinaltugenden. Vor den Pfeilern stehen auf vorgesetzten Säulchen die Hauptfiguren des Kunstwerks, die 12 Apostel, nach Wachsmodellen gegossen. Im abschließenden Aufbau verteilen sich die Statuetten der 12 Propheten des Alten Testaments sowie musizierende Putti und Delphine. Der Schrein im Innern des schützenden Gehäuses ist aus Eichenholz gefertigt, verziert mit silbergestanzten Wappen des Reichs und der Stadt. Die Zierleisten bestehen aus vergoldetem Kupfer. Im Inneren ruhen die Überreste der Gebeine des hl. Sebaldus.

Der Altar hinter dem Sebaldusgrab zwischen den mittleren Säulen des Chorumgangs, steht an der Stelle des mittelalterlichen Hochaltars. Als Retabel dient ein Epitaph der Familien Oelhafen-Pfinzing (1520–30), welches die Verkündigung der Maria darstellt, darunter kniet die Stifterfamilie. Die Kreuzigungsgruppe über dem Altar schuf der berühmte Holzschnitzer und Bildhauer Veit Stoß (1447–1533). Die Figuren der Maria und des Johannes standen ehemals, ebenso wie das Kruzifix (1520) selbst, in der Frauenkirche und wurden 1663 zum neuen Hochaltar in St. Sebald zusammengestellt. Der Raum zwischen dem Sebaldusgrab, dem Hochaltar und den hier verhältnismäßig eng stehenden Pfeilern dient heute für kleinere kirchliche Handlungen.

Vorbei an dem Pfeiler rechts vom Altar begeben wir uns in den Chorumgang. An der Außenwand treffen wir auf ein Fresko (um 1386), das zu Beginn des 20. Jahrhunderts von der Wand abgelöst und gerahmt wurde, um seinen Verfall zu verhindern. Es zeigt die Disputation des Paulus mit den Juden (um 1390). Das Fenster darüber, das Pfinzingfenster, stammt ebenso wie die 3 folgenden aus der Werkstatt des Veit Hirsvogel (1461–1525) und wurde nach einem Entwurf Albrecht Dürers gefertigt.

Das nächste Fenster ist eine Stiftung des Markgrafen von Brandenburg-Ansbach nach einem Entwurf des Hans Süß von Kulmbach. In 9 Zeilen von insgesamt 11 m Höhe zeigt es Mitglieder des Geschlechts, Heilige und Wappen seiner Länder. Den unteren Teil des Fensters umrahmt die Gedächtnisstiftung des Kirchenpflegers Paulus Volckamer, ein Meisterwerk des Veit Stoß (1447–1533). Die Reliefs mit den Darstellungen des Abendmahls, der Ölbergszene und der Gefangennahme Christi sind tief aus dem Sandstein herausgearbeitet. In der unteren rechten Ecke hat der Künstler sein Werk auf der Scheide des Krummschwerts mit der Jahreszahl 1499 datiert, mit seinem Meisterzeichen und – im oberen Teil der Scheide – seinem verschlüsselten Namen signiert. Sein Meisterzeichen findet sich auch auf der Konsole des Schmerzensmannes, die Jahreszahl bei der Marienfigur. Die beiden etwa 2 m hohen Skulpturen sind aus Eichenholz geschnitzt. In den äußeren unteren Ecken des Reliefs ist die Stifterfamilie dargestellt: links der Vater und die Söhne, rechts 2 Frauen und 2 Töchter.

Das mittlere Fenster des Chorumgangs, flankiert von den Aposteln Petrus und Paulus, ist eine Stiftung des Kaisers Maximilian I., wohl nach einem Entwurf Albrecht Dürers.

links: Schmerzensmann (um 1390); Mitte: Strahlenkranzmadonna (um 1420); rechts: Hl. Sebald (um 1400)

Unter dem benachbarten Bamberger-Fenster, erneut nach einem Entwurf Albrecht Dürers, befindet sich die Sakramentsnische (um 1370/80) mit zahlreichen Statuetten in der Rahmung.

Das Fresko im nächsten Wandfeld zeigt Hans Starck († 1473) als frommen Beter. Das Fenster sowie alle noch folgenden stammen aus der Zeit zwischen 1380 und 1388, als der Chor gerade fertig gestellt war. Die Fenster waren wohl damals bis hinauf zum Maßwerk mit farbigen Darstellungen gefüllt. Wegen der günstigeren Lichtwirkung ersetzte man jedoch bereits Ende des 15. Jahrhunderts die oberen Teile durch weiße Scheiben, 1957 schließlich durch getönte.

Im übernächsten Wandfeld finden wir die Totentafeln der Patrizierfamilie Tucher, durchgehend von 1326 bis in die heutige Zeit. Dazwischen hängt eine Totengedenklampe von 1657. Weitere Stiftungen der Familie Tucher finden wir im nächstfolgenden Wandfeld sowie am rückwärtigen Pfeiler. Hier hängt das Epitaph des Hans VI. Tucher (1426–1491), eine gemalte, vielfigurige Kreuzwegtafel mit einer Stadtansicht Bambergs und den Abbildungen des Stifters mit seinen 2 Frauen, 5 Söhnen und 6 Töchtern. In Fortsetzung der Tucherschen Totentafeln finden wir die Figuren des Johannes (um 1430, in Ton) und des Apostels Andreas, um 1506 von Veit Stoß kunstvoll aus Lindenholz geschnitzt. Besonders eindrucksvoll wirken seine gelockte Haartracht, der formenreiche Faltenwurf seines Gewandes, seine Mimik und die Geste, mit der seine rechte Hand auf das aufgeschlagene Buch zeigt.

Auch die dreiteilige Tafel daneben stellt eine Stiftung der Familie Tucher dar, ein Epitaph für den Propst Dr. Lorenz Tucher (1447–1503). Das Triptychon, dessen italienische Beeinflussung unverkennbar ist, gilt als eines der Hauptwerke des Malers Hans Süß von Kulmbach.

Einen der nächsten Pfeiler ziert die „Madonna im Strahlenkranz" (um 1425–30). Es handelt sich um das Werk eines Nürnberger Meisters, im so genannten „Weichen Stil" in Birnbaumholz geschnitzt.

Am Triumphbogenpfeiler befindet sich eine Darstellung des Jüngsten Gerichts (1628) in der Totengedenktafel für den bekannten Dürersammler Willibald I. Imhoff (1519–1580) und seine Vorfahren. Unter dem Hauptgemälde erkennen wir den Stifter Hans III. Imhoff mit 8 seiner Vorfahren, den berühmten Nürnberger Rechtsgelehrten und Humanisten Willibald Pirckheimer mit Frau sowie den wohl bekanntesten Bürger der Stadt, Albrecht Dürer.

Öffnungszeiten:

April/Mai 9.30–18 Uhr,
Juni–15. September 9.30–20 Uhr,
16. September–Dezember 9.30–18 Uhr,
Januar–März 9.30–16 Uhr

7 Am Fembohaus

Beim Heraustreten aus der St.-Sebaldus-Kirche wenden wir uns rechts zum Sebalder Platz und sehen den alten **Sebalder Pfarrhof**. Hier ist noch ein **Chörlein** in seiner ursprünglichen Bedeutung zu finden: als Hauskapelle. Der um 1370 kunstvoll gefertigte Anbau ist am Pfeiler wie am Korpus reich mit Ornamenten, unter den Fenstern zusätzlich mit bildnerischen Darstellungen verziert. Das Original wird im Germanischen Nationalmuseum aufbewahrt.

Vom etwas höher gelegenen Albrecht-Dürer-Platz grüßt Nürnbergs berühmtester Sohn, von Johann Daniel Burgschmiet nach Entwurf und Modell des Christian Daniel Rauch 1840 in Erz gegossen.

Rechts über dem Platz sehen wir auf das **Schürstabhaus,** ein beeindruckend großes Patrizer- und Bürgerhaus, das auf Kellergewölben des 13. Jahrhunderts steht. Von 1328 bis 1482 im Besitz der Patrizierfamilie Schürstab, von der sich der Name des Gebäudes herleitet. Im Erdgeschoss befindet sich eine Kapelle, die um 1500 hier eingebaut wurde und durch die Glastüre zu bewundern ist. Nach schweren Kriegsschäden im Dachbereich wurde das Gebäude 1998 vorbildlich instand gesetzt.

Am östlichen Ende der Kirche führt die Burgstraße den Hang hinauf. Bereits von weitem erblicken wir die imponierende Giebelfassade des wohl am vollständigsten erhaltenen Renaissance-Bürgerhauses der Stadt.

Das **Fembohaus,** heute als Stadtmuseum genutzt, entstand 1591–96 als Wohnsitz eines Kaufmannes. Es lädt zu einer Zeitreise von 950 Jahren Stadtgeschichte ein, beginnend mit dem „tönenden Stadtmodell" von 1939 im obersten Stockwerk. In den darunter liegenden Stockwerken werden Themen der Stadtgeschichte wie z.B. der Nürnberger Rat, Nürnberg als Kaiserstadt und Nürnberg als Zentrum für Handel und Handwerk dargestellt. In anderen Räumen imponieren die wertvollen Wandvertäfelungen und Stuckdecken, die Malereien und Holzschnitzereien sowie deren Mobiliar aus dem 17. bis 19. Jahrhun-

Stadtmuseum Fembohaus

Burgstr. 15
Tel.: 09 11/2 31 25 95
museen@stadt.nuernberg.de
www.museen.nuernberg.de

Geöffnet:
Di.–Fr. 10–17 Uhr,
Sa.+So. 10–18 Uhr

dert. Die Multivisionsschau „Noricama" zeigt einen Spaziergang im Zeitraffer durch Nürnbergs Geschichte und stellt den Kontakt zu den berühmten Einwohnern dieser Stadt her.

Das benachbarte Steinhaus Nr. 17 weist ein reich verziertes Holzchörlein auf, wie es für die Zeit des Barock um 1700 typisch war. Eine Gedenktafel am Haus Nr. 21 erinnert an den Maler Michael Wolgemut, den Lehrmeister Albrecht Dürers, dessen Werkstatt und Wohnhaus früher hier stand.

Albrecht Dürer selbst hatte sein Elternhaus nur wenige Meter weiter, dort wo heute das moderne Eckhaus zur Oberen Schmiedgasse steht. Es gehörte seinem Vater, dem Goldschmied Albrecht Dürer d. Ä. Der berühmte Maler bewohnte es bis 1509, als er das heutige „Dürerhaus" kaufte.

Wir begeben uns wieder die Burgstraße hinunter zum Ostchor der Sebalduskirche. Dort ist außen ein kunstvolles Relief untergebracht, das **Schreyer-Landauersche Epitaph** (1490/92). Es handelt sich um die älteste bekannte Arbeit des Bildhauers Adam Kraft. Die figurenreiche Szenenfolge zeigt von rechts: die Kreuztragung, den Kalvarienberg mit den Kreuzen, die Grablegung und Auferstehung Christi. Unten knien die zahlreichen Mitglieder der Stifterfamilien. Auf dem Mittelrelief vorne rechts werden die bärtigen Gesichter als der Stifter Sebald Schreyer und der Bildhauer Adam Kraft gedeutet.

Rund um die Egidienkirche
(erweiterter Rundgang)

Von der nördlichen, bergseitigen Baufront des Rathauses führt die Theresienstraße nach Osten und endet am Theresienplatz. Das **Denkmal** von 1890 gilt dem Nürnberger **Martin Behaim,** Seefahrer und Auftrag- und Ideengeber für den ersten Erdglobus von 1491/92. Das Eckhaus gegenüber, dort wo der Egidienplatz beginnt, trägt die Statue des hl. Sebaldus. Auf der rechten Seite dieses langgestreckten Platzes sehen wir ein steinernes Denkmal (1826) für Philipp Melanchton. Er richtete hier 1526 das erste humanistische Gymnasium Deutschlands ein. Am Haus Nr. 13 erinnert eine Gedenktafel an Anton Koberger (1440/45–1513), dessen Wohnhaus und Druckerei hier einst stand. Er war einer der bedeutendsten Buchdrucker und -händler seiner Zeit.

Mitten auf dem Platz prangt das **Reiterstandbild** für Kaiser Wilhelm I. Daneben erhebt sich die Schaufassade der **Egidienkirche.** Die romanische Vorgängerkirche war 1696 niedergebrannt. In den Jahren 1711–18 erbaute man die heutige Kirche im Stil des Barock in einfachen, klaren Formen. Den Brand von 1696 überstanden lediglich die beiden südlichen Nebenkapellen.

Die romanische **Eucharius-Kapelle** entstand um 1120/30. Der gotische Anbau (um 1345) ist eine Stiftung der Patrizierfamilie Tetzel, er diente als Gedenkstätte für ihre verstorbenen Angehörigen. Adam Kraft schuf das Gedächtnismal mit einer Darstellung der Krönung Mariens, gestiftet 1503 von Matthäus Landauer. Das Kreuzigungsrelief entstand um 1400/20. Die **St.-Wolfgang-Kapelle** (1437) verbindet die Doppelkapelle mit der Kirche. Sie enthält neben einem harmonischen spätgotischen Netzrippengewölbe ein Sandsteinrelief mit der Grablegung Christi

---

Egidienkirche

**Geöffnet: täglich 8–18 Uhr,
Kapellen nur nach Vereinbarung,
Tel.: 09 11/2 14 11 41**

(um 1446). Alle diese Bauten gehörten einst zum ältesten der neun Klöster Nürnbergs, dem Benediktiner-Schottenkloster St. Egidien, gestiftet um 1140 von König Konrad III.

Den oberen Abschluss des Egidienplatzes bildet ein moderner Neubau. Er enthält jedoch noch sehenswerte Teile des einst hochgelobten **Pellerhauses,** die während der Geschäftszeiten zu besichtigen sind. Das Gebäude, erbaut 1602–07, galt als prunkvollstes Bürgerhaus Nürnbergs, wurde aber 1945 fast völlig zerstört. In den 1950er Jahren hat die Stadt die prächtige Halle restauriert, den Treppenturm und den stimmungsvollen Renaissance-Hof konserviert und ruinenhaft-freistehend erhalten. Kräftige Säulen tragen die Arkadenbogen, die von einer steinernen Balustrade gekrönt sind. Dagegen wirkt die Brunnenfigur des Bogenschützen am Apollobrunnen eher zierlich.

Der Bronzeguss entstand 1532 in der Werkstatt des Pankraz Labenwolf wohl nach einem Entwurf von Peter Flötner und schmückte einst den Hof des Herrenschießhauses am Sand.

Beim Verlassen des Pellerhauses wenden wir uns nach links und behalten diese Richtung bei, bis wir in der Hirschelgasse vor dem **Tucherschloss** stehen, zu dem eine Parkanlage gehört. Der älteste Teil des originalgetreu wiedererrichteten Gebäudes entstand 1533–44 im Stil der Frührenaissance. Wir erkennen ihn leicht am kunstvollen Erker an seiner Straßenfront, von der Hofseite her am prächtigen Treppenturm. Das Gebäude ist als Museum eingerichtet. Die kostbaren festen Inneneinbauten, großteils nach Entwürfen von Peter Flötner, sind leider durch die Kriegszerstörung verloren. Das bewegliche Inventar konnte ge-

Das Tucherschloss von der Hofseite mit Treppenturm

rettet werden und gibt uns heute noch eine Vorstellung von patrizischem Wohlstand und Prachtentfaltung. Die reiche Ausstattung – alles Leihgaben der Familie Tucher – besteht aus Möbeln, Tapisserien und Gemälden (u.a. von Wolgemut, Schäufelein, Neufchatel) sowie kunsthandwerklichen Erzeugnissen, wie z.B. ein Hochzeits-Prunkgeschirr von Wenzel Jamnitzer. Die qualitätsvollen Ausstattungsstücke vermitteln dem Betrachter ein eindrucksvolles Bild vom Leben der Nürnberger Patrizier jener Zeit.

Im Garten wurde der ebenfalls während des Krieges zerstörte sog. **Hirsvogelsaal** (1534) – Festsaal des Anwesens der Familie Hirsvogel – rekonstruiert, da die außergewöhnliche Innenausstattung (Peter Flötner) gerettet war. Das Deckengemälde – „Der Sturz des Phaëton" – mit Scheinarchitektur und Tiefenwirkung durch perspektivische Verkürzung, ist das erste dieser Art nördlich der Alpen.

Vom Park aus haben wir einen Blick auf den modernen Neubau der Universität.

Wir setzen unseren Weg durch die Hirschelgasse fort, um an ihrem Ende scharf rechts in die Äußere Laufer Gasse einzubiegen.

Georg Pencz malte 1534 das Deckengemälde für den Hirsvogelsaal (ca. 15 m Länge und 6 m Breite). Dargestellt ist „Der Sturz des Phaëton", ein Thema aus der griechischen Mythologie.

**Museum Tucherschloss
mit Hirsvogelsaal**

Hirschelgasse 9–11
Tel.: 09 11/2 31 83 55
museen@stadt.nuernberg.de
www.museen.nuernberg.de

**Geöffnet:
Mo. 10–15 Uhr, Do. 13–17 Uhr, So. 10–17 Uhr**

Dabei fällt unser Blick auf einen der mächtigen Rundtürme der Stadtbefestigung, den Laufer Torturm. Er bewachte einst die Einfahrt von der Fernverkehrsstraße aus Prag und Eger. Am anderen Ende der Gasse markiert der **Laufer-Schlagturm** den Verlauf der Stadtbefestigung vor der letzten Erweiterung. Er entstand im 13. Jahrhundert, lediglich die Obergeschosse mit dem Turmhelm wurden nach 1500 aufgesetzt. Die Grübelstraße, die vor dem Torturm nach Süden führt, zeigt hier den Verlauf des alten Stadtgrabens an. Benannt ist sie nach dem Nürnberger Stadtklempner und Mundartdichter Johann Konrad Grübel (1736–1809), an den auch eine Gedenktafel am Haus Nr. 8 und der Grübelsbrunnen (1881) am Laufer-Schlagturm erinnert. Im unteren Bereich der Straße ist noch ein Stück des älteren Stadtgrabens erhalten, das früher die Armbrustschützen als Schießplatz benutzten.

Seinen südlichen Abschluss bildet der Renaissance-Bau des ehemaligen **„Schießhauses am Sand"**, erbaut 1582/83. Es gefällt besonders durch die dekorative Giebelfront und den reizvollen Holzerker am Dach. Die Wappen über dem Eingang weisen es als städtischen Besitz aus, wie es auch noch heute für Schulzwecke genutzt wird. Der reizvolle Apollobrunnen, heute im Pellerhaus, stand einst im Hof des Herrenschießhauses.

Die südliche Traufseite des Gebäudes gibt uns die Richtung, die uns stadteinwärts durch die Tucherstraße und ihre Verlängerung zum nördlichen Teil des Rathauses zurückführt.

Das Rathaus

An der Westseite des Komplexes lagert breit der mächtige Bau des **"Wolff'schen Rathauses"**. Es wurde 1616–22 von dem Architekten Jakob Wolff d. J. im Stil der italienischen Renaissance errichtet. Sechs Bürgerhäuser und ein städtisches Gebäude mussten damals dem Prachtbau weichen, der unter den zeitgenössischen Profanbauten Deutschlands einzigartig ist. Auf dem Giebel des Mittelportals lagern die steinernen Figuren der Gerechtigkeit und der Weisheit, zwischen ihnen eine Kartusche mit dem bronzenen Reichsadler von Christoph Jamnitzer.

Unter ihm hindurch betreten wir – während der Verwaltungsstunden natürlich – die imposante Eingangshalle mit einer klaren Gliederung der Pfeiler und Gewölbe. Am nördlichen Ende diese Halle befinden sich hinter einer Glastüre die in hervorragender Goldschmiedearbeit erstellten Nachbildungen von Reichskrone, Reichsapfel und Szepter in Erinnerung daran, dass Kaiser Sigismund 1424 die Reichskleinodien für ewige Zeiten zur Aufbewahrung nach Nürnberg bringen ließ.

Die Treppe rechts führt hinauf ins 1. Obergeschoss, wo sich der **"Große Rathaussaal"** befindet. Erbaut 1332–40, galt er mit einer Länge von 40 m, einer Breite von 12 m und einer Scheitelhöhe von 12 m als größter stützenfreier Saal nördlich der Alpen. 1520 wurde der Saal unter Dürers Leitung modernisiert. Mit Wandgemälden (nach seinen Entwürfen), Glasmalereien, Vertäfelungen, einer Holztonnendecke und Wandleuchten entstand ein Gesamtkunstwerk der Renaissance.

Hier tagten bis 1806 der Große Rat und das Stadtgericht, fanden Tanzveranstaltungen, Empfänge von Kaisern und Fürsten, Reichsversammlungen und 1649 das Friedensmahl, das die Unterzeichnung verschiedener Verträge nach dem 30jährigen Krieg feierte, statt. Leider brannte das Gebäude mit seinen unersetzlichen Kunstwerken 1945 bis auf die Umfassungsmauern nieder. 1956/58 erfolgte der äußere Wiederaufbau dem sich ab 1980 die Wiederherstellung der Holztonnendecke und der übrigen Holz-

Ostgiebel des Alten Rathaussaales mit anschließendem Beheim'schen Bau

einbauten anschloss. Dagegen blieb der kleine Sitzungssaal im Wolff'schen Bau erhalten, ist jedoch in der Regel nicht zu besichtigen. Der Saal besitzt eine sehenswerte Holzkassettendecke (1620) mit Gemälden von Paul Juvenell. Im mittleren Feld thront ein deutscher Kaiser, den die Tugenden mit reichen Gaben überschütten. Die Motive der kleineren Bilder sind der römischen Geschichte entnommen.

Zurück im Erdgeschoss werfen wir noch einen Blick in den Großen Rathaushof mit dem hübschen **Puttobrunnen** (1557).

Lochgefängnisse:
Sitzgruppe für Aufseher

Eine schmale Treppe führt hinab zu den **Lochgefängnissen** unter dem alten gotischen Rathaus. Es handelt sich hier nicht um eine Haftanstalt (hierfür standen nicht mehr gebrauchte Stadtmauertürme zur Verfügung), sondern um ein Untersuchungsgefängnis. Dieses ist in einer Führung zu erkunden. Da das mittelalterliche Strafrecht Verurteilung ausschließlich nach erfolgtem Geständnis vorsieht, wurde die Folter als legitimes Mittel angesehen, dieses Geständnis zu erhalten. Die Zellen waren äußerst primitiv eingerichtet: eine roh gezimmerte Holzpritsche mit Kopfbrett, einfache Sitzbänke mit einem Tisch, ein ausgehöhlter Stein für die Aufnahme eines Tongefäßes mit glühenden Holzkohlen für kalte Wintertage.

Wir steigen am Ende des Ganges mehrere Stufen hinab und gelangen in die Folterkammer. Der Henker und seine Gesellen hatten die Aufgabe, im Beisein von 2 Ratsschöffen vom Beschuldigten Geständnisse zu erpressen. Dazu waren im Nürnberg des 15. Jahrhunderts zugelassen:

1. Daumen- und Beinschrauben.
2. „Aufziehen" an den hinter dem Rücken gefesselten Händen, Steigerung durch unterschiedliche Gewichte aus Holz und Stein an den Füßen.
3. „Strecken" auf einer Leiter mittels einer Winde.
4. Legen des Gefesselten in eine mit spitzen Nägeln gespickte Holzmulde.
5. Verbrennen der Haut mit Feuer.

Im Jahre 1532 schränkte Kaiser Karl V. die Folter ein. Im 18. Jahrhundert, dem Zeitalter der Aufklärung, wurde sie in Nürnberg nur noch in abgeschwächter Form angewandt, ehe sie 1813 aufgehoben wurde. Augenscheinlich waren bestimmte Zellen für besondere Missetäter „reserviert". Nr. 11 zeigt einen roten Hahn, das Sinnbild der Brandstiftung, die schwarze Katze über Nr. 12 weist auf Verleumder hin. Die beiden „Stock"-Zellen waren Strafräume, in denen sich die Gefangenen überhaupt nicht mehr bewegen konnten.

An der nächsten Ecke zweigt ein Gang ab, der zu 3 heute zugemauerten Zellen führte. Ein unterirdischer Wassergang hinauf zur Bastei am Tiergärtnertor und damit zum engeren Burgbereich diente seit 1543 als möglicher Fluchtweg für die Ratsherren. Er wurde leider 1945 durch Bombeneinwirkung verschüttet. Über einem Durchgang, eine größere Halle und eine kleine Treppe gelangt der Besucher in die Gefängnisschmiede, in der die Folterwerkzeuge zugerichtet wurden. Daneben liegen die Vorratskammer und die Küche des Lochwirts, der die Gefangenen zu versorgen hatte. Schon etwas freundlicher wirkt am Ende des Rundgangs die Wohnung des „Rathauswirts", der die Gebäude als Hausmeister betreute, aber bei Ratssitzungen auch für Essen und Getränke zu sorgen hatte.

Historische Lochgefängnisse im Rathaus

Tel.: 09 11/2 31 26 90
museen@stadt.nuernberg.de
www.museen.nuernberg.de

Sommersaison März–Oktober Täglich 10–16.30 Uhr
Führungen für Gruppen nach tel. Voranmeldung möglich.
Wintersaison November/Dezember Mo.–Fr. 10–16.30 Uhr
Sonderöffnung Christkindlesmarkt
Täglich geöffnet (Führungen von 10–16.30 Uhr)

Wir verlassen das Rathaus und gehen nach links, den Rathausplatz abwärts. Am Ende des Prunkgebäudes biegen wir erneut links ein und gelangen in den Hof des neuen Rathauses (1954–56). Mittelpunkt ist ein besonders reizvoller **Brunnen mit dem Gänsemännchen,** ebenso wie der Puttobrunnen Mitte des 16. Jahrhunderts von Pankraz Labenwolf gegossen. Albrecht Dürer hatte bereits um das Jahr 1500 Entwürfe eines Brunnens mit dem volkstümlichen Gänsemännchen entworfen.

Dahinter erhebt sich **das älteste Rathaus** (1332–40), dessen gotische Maßwerkfenster im 1. Obergeschoss – dem Großen Rathaussaal – an eine Kirche erinnern. Das Erdgeschoss mit seinen Rundbogenportalen beherbergte früher Läden. Besonders reizvoll präsentiert sich die Giebelfassade mit dem schlanken Erker und den bis über Dachhöhe aufstrebenden Lisenen.

Der Gänsemännchen-Brunnen von Pankraz Labenwolf (Mitte 16. Jh.)

Über der Durchfahrt zum kleinen Rathaushof zwängt sich ein schmales Gebäude zwischen die wuchtigen Nachbarn, der Beheim'sche Bau mit der „Kleinen Ratsstube". Es gefällt vor allem durch seine reich geschmückte Fassade (1514/15).

10 Hauptmarkt und Schöner Brunnen

Einige Stufen führen hinab zum Hauptmarkt, in der Adventszeit der Platz von Deutschlands berühmtestem „Christkindlesmarkt". Kaiser Karl IV. entsprach 1349 der Bitte des Rates, zwischen der Sebalder Stadt und der neu entstandenen südlichen Lorenzer Stadt anstelle des Judenviertels einen Marktplatz zu schaffen. Gleichzeitig hatten die Nürnberger Gelegenheit, sich der ungeliebten Mitbewohner zu entledigen.

Ulman Stromer berichtet in dem um 1390 verfassten „Püchel von meim geslecht" aus eigenem Erleben zum 5. Dezember 1349, dass die Juden verbrannt worden sind. 562 von den ca. 1500 Bewohnern des Judenviertels sind dem Pogrom zum Opfer gefallen.

Der für eine ummauerte Siedlung sehr große Platz dient seitdem als Markt und Sammelpunkt von Touristen, als Ort für Huldigungen, Feste und Turniere. Außerdem zeigte man hier einmal jährlich dem gläubigen Volk die Reichskleinodien, die bis zur Reformation heiligenmäßig verehrt wurden.

Über einem niedrigen oktogonalen Wasserbecken erhebt sich die vierfach gestufte Steinpyramide des **Schönen Brunnens** 17,30 m hoch empor. Er zählt zu den ältesten Röhrenbrunnen der Stadt und besitzt seit seiner Entstehung zw. 1385 und 1396 eine eigene Wasserzuleitung. Als Baumeister der Brunnensäule wird der Palier Heinrich Beheim genannt. 40 Steinfiguren in 4 Ebenen ergänzen den reichen ornamentalen Schmuck. In der unteren Reihe sitzen die Personifikationen der 7 Freien Künste und die Philosophie; dahinter, etwas erhöht, die 4 Evangelisten und 4 Kirchenväter. In der mittleren Reihe stehen die 7 Kurfürsten und je 3 Helden der Antike (Hektor, Alexander, Caesar), des Alten Testaments (Josua, David, Judas Maccabäus) und des Abendlandes (König Artus, Karl der Große, Gottfried von Bouillon). Ganz oben stehen Moses und 7 alttestamentliche Propheten. Der heutige Brunnen ist eine Nachbildung (um 1900) in Muschelkalk. Fragmente des verwitterten Originals in Sandstein befinden sich im

Germanischen Nationalmuseum. Das kunstvoll geschmiedete Eisengitter fertigte Paulus Kuhn im Jahr 1587. Im oberen Teil ist an der Südwestseite ein goldfarbener Ring eingearbeitet, der sich drehen lässt. Zur Verwunderung aller ist keine Nahtstelle am Ring festzustellen. Diesen „Wunschring" hat der Legende nach ein Schlosserlehrling ohne Wissen seines Meisters in das Gitter eingelassen. Er galt früher als eines der Wahrzeichen Nürnbergs um das sich viele Geschichten ranken und an dem sich geheime Wünsche erfüllen, wenn man daran dreht.

Der Hauptmarkt mit seinen Obst- und Gemüseständen, dahinter die prachtvolle Westfassade der Frauenkirche

Die Frauenkirche

Die am Hauptmarkt aufragende Frauenkirche kann man getrost als „Sühnebau" für die Niederlegung des Judenviertels betrachten. Kaiser Karl IV., der 1349 die Genehmigung dazu gegeben hatte, stiftete das 1350–58 erbaute Gotteshaus, wie es in einem kaiserlichen Stiftungsbrief heißt: „Zum Ruhme seines Kaisertums, zu Ehren der Muttergottes und zum Heil der Verstorbenen" seiner Lieb-

Die Kunstuhr (1509) an der Frauenkirche zeigt täglich um 12 Uhr das „Männleinlaufen"

lingsstadt. Als Baumeister berief der Kaiser den Schwaben Peter Parler (um 1330–99), der für ihn am Dom von Prag tätig gewesen war. Typisch für den erfolgreichsten Sohn der berühmten Architekten- und Bildhauerfamilie ist die reich gegliederte und verzierte Schaufassade, die früher den Hoftagen wie heute dem Christkindlesmarkt einen glanzvollen Rahmen gab und gibt. Neben den Seitenwänden ist diese herrliche Fassade das einzige Bauteil, das die Bombenangriffe 1945 ohne nennenswerte Schäden überstand. Das Gotteshaus diente seit der Reformation in Nürnberg (1525) als evangelische Predigerkirche. Nach dem Übergang Nürnbergs an Bayern 1806, wurde die wertvolle Inneneinrichtung großteils entfernt. 1816 erfolgte die Übergabe an die katholische Kirchengemeinde. Das Gotteshaus wurde neu ausgestattet, zumeist aus Beständen der säkularisierten Nürnberger Klosterkirchen.

Grundgedanke der Westfassade ist die Verehrung Mariens, die in der Mitte des Doppelportals thront, umrahmt von Heiligen, Patriarchen und Propheten. Von der wappengeschmückten Maßwerkbrüstung darüber zeigte man 1361 aus Anlass der Taufe des Thronfolgers Wenzel die Reichskleinodien – Krone, Szepter, Reichsapfel, Schwert und heilige Lanze – die heute in der Hofburg in Wien aufbewahrt werden. Den Giebel des Michaelschors, hinter der Brüstung, schuf Adam Kraft 1506–08. Die Kunstuhr am Giebel, gefertigt 1509, zeigt täglich um 12.00 Uhr das **„Männleinlaufen"**: Auf das Signal der seitlich stehenden Trompeter huldigen die 7 rot gekleideten Kurfürsten dem Kaiser Karl IV. durch dreimaliges Umschreiten. Die Szene soll an das in Nürnberg erlassene Reichsgesetz, die „Goldene Bulle" aus dem Jahr 1356, erinnern. Darin war festgelegt, dass die 7 Kurfürsten – die Erzbischöfe von Mainz, Köln und Trier, der König von Böhmen, der Pfalzgraf bei Rhein, der Herzog von Sachsen und der Markgraf von Brandenburg – jeweils den neuen König wählten und dass dieser seinen ersten Reichstag in Nürnberg abhalten solle.

Wir betreten die älteste Hallenkirche Frankens. Während die Wandmalereien der Vorhalle erst etwa 1880 entstanden, stammen die Statuen aus dem 14. Jahrhundert. Der Schluss-Stein im Gewölbe der Vorhalle zeigt die Krönung Mariens. Wenn wir den Hauptraum betreten, wird der Blick statt in die Höhe wie in der Hochgotik in die Weite des in sich ruhenden Raumes gelenkt. Der Mittelgang führt uns zu zwei gerundeten Gemälden am vorderen

Strahlenkranzmadonna auf der Sohlbank des Chormittelfensters (um 1440)

Pfeilerpaar. Auf dem linken (um 1440) ist die Auferstehung Christi abgebildet, auf dem rechten (1489) der hl. Michael als Drachentöter und Seelenwäger. An der linken Stirnwand hängt ein Bild mit der heiligen Sippe – Anna, Maria und das Jesuskind – um 1520 gemalt, daneben steht ein Seitenaltar mit einer spätgotischen Madonna (um 1480). Die Strahlenkranzmadonna (um 1440) am mittleren Chorfenster stammt ebenso wie der Verkündigungsengel an der rechten Chorwand und die Verkündigungsgruppe gegenüber, vom Welseraltar, dessen Figuren man 1815 einzeln veräußerte. Der Schluss-Stein des Chors zeigt eine wohl einmalige Darstellung: Jesus geht zur Schule.

Vom Ostchor werfen wir einen Blick auf die Empore gegenüber, den symbolischen Platz des Kaisers. Kunstvolles Maßwerk ziert die Brüstung und das Gewölbe. Die Darstellungen der Kreuzigung und der Grablegung Christi sind Reste von Altären aus der Zeit um 1500. Links, am Übergang vom Hauptschiff zum Ostchor, finden wir eines der beiden Meisterwerke Adam Krafts in dieser Kirche: Das farbige Epitaph des Hans Rebeck, ursprünglich in der Dominikanerkirche, stellt die Krönung Mariens dar.

Der Tucheraltar (um 1440/50) im Chorhaupt diente in der abgerissenen Augustinerkirche St. Veit als Hochaltar und gilt als bedeutendste Tafelmalerei aus der Zeit vor Dürer. Die gedrungenen, lebensechten Gestalten stellen die hl. Monika mit ihrem Sohn Augustinus dar, die Verkündigung, Kreuzigung und Auferstehung sowie die Eremiten Paulus und Antonius.

Der Chorraum der Frauenkirche mit dem so genannten Tucher-Altar (1445)

Ein herausragendes Totengedenken bildet das sog. Peringsdörffersche (auch Pergenstorffersche) Epitaph (um 1498) an der nördlichen Seitenwand, ein Werk Adam Krafts. Im Mittelpunkt steht die Figur der Schutzmantelmadonna, angebetet von Papst, Kaiser, Bischöfen, Bürgern, Soldaten und Bauern.

Die Frauenkirche

Geöffnet: Mo.+Do. 8–18 Uhr,
Di.+Fr. 9–18 Uhr, Mi. 8–19 Uhr,
Sa. 8.30–18.30 Uhr, So. 12.30–19 Uhr,
täglich 12 Uhr „Männleinlaufen"
(Kunstuhr), Kaiser Karl IV. und die
7 Kurfürsten.

Am Heilig-Geist-Spital

Der Hauptmarkt neigt sich sanft nach Süden. Wir wählen diese Richtung und kommen nach einem kurzen Stück Straße an die Museumsbrücke. Von hier aus haben wir eines der schönsten Motive für Maler, Photographen und Lebkuchenschachteldesigner vor uns, den vom Spital überbauten nördlichen Pegnitzarm.

Blick auf das Heilig-Geist-Spital bei nächtlicher Beleuchtung

Der Mittelpfeiler des Doppelbogens setzt sich in einem wappengeschmückten Erker fort, dessen Spitzhelm die Höhe des steilen Satteldachs erreicht. Von hier aus umgehen wir die links lagernden Spitalgebäude und gehen an ihrer Nordfront entlang, bis sich die Straße zum Hans-Sachs-Platz weitet. 1874 setzte man hier einem der berühmtesten Dichter des 16. Jahrhunderts ein Denkmal. **Hans Sachs** (1494–1576) gehörte zu den Nürnberger Meistersingern, machte sich aber als „Schusterpoet" u.a. durch mehr als 4000 Meisterlieder, ca. 2000 Spruchgedichte, 120 Tragödien und Komödien und 85 Fastnachtsspiele einen unsterblichen Namen. Am Ende des Spitals biegen wir rechts ab und betreten über die Spitalbrücke die Insel „Schütt", die von zwei Armen der Pegnitz gebildet wird.

Steinerner Kruzifixus von Adam Kraft im Kreuzigungshof

Von hier gelangen wir in einen der Höfe des Spitals, umstanden von kleineren Gebäuden. Diese wichtige soziale Einrichtung einer mittelalterlichen Stadt stiftete der vermögende Reichsschultheiß Konrad Groß im Jahr 1339. Durch zahlreiche weitere Stiftungen wurden um 1500 Erweiterungen notwendig, so dass man die Pegnitz überbaute (1511–27, Hans Beheim d. Ä.). Früher wie heute dienten die Gebäude in erster Linie der Unterbringung alter Menschen. Eine Doppeltreppe führt zum Kreuzigungshof mit seinem sehenswerten Kreuzgang. Kraftvoll zwischen Rundpfeilern gespannte Bögen tragen an den Längsseiten des Hofes hölzerne Laubengänge. An der Nordseite hängt eine kunstvoll gearbeitete **Kreuzigungsgruppe** von Adam Kraft, die dieser ursprünglich für den Johannisfriedhof geschaffen hatte. Rechts lugt der Turmhelm der Spitalkirche herüber. Hier verwahrte man zwischen 1424 und 1796 die Reichskleinodien. Im nördlichen Hof des Spitals, im „Hanselhof", steht eine Kopie des **Hanselbrunnens** (Original im Germanischen Nationalmuseum). Er entstand um 1380 als ältester in Nürnberg erhaltener Bronze-Hohlguss und zeigt einen Schalmeibläser in der Tracht seiner Zeit.

Wir verlassen das Spital durch das Tor, durch das wir es betreten haben. Schräg gegenüber steht der Schuldturm, um 1323 erbaut. Er ist eines der letzten Überreste der vorletzten Stadtumwallung und wurde ab 1478 (Jahreszahl auf einem der vergitterten Fenster) als Gefängnis für säumige Schuldner verwendet. Die Heubrücke führt uns zum „Festland" südlich der Pegnitz.

An der Katharinenkirche

Hier halten wir uns halblinks und folgen zunächst der Peter-Vischer-Straße, die den Verlauf der vorletzten Stadtmauer markiert. Gleich hinter einem malerischen Fachwerkhaus schauen wir durch eine rundbogige Toreinfahrt in den Hof des im 16. Jahrhundert aufgelösten Dominikanerinnenklosters.

Die **St.-Katharina-Kirche** aus dem späten 13. Jahrhundert diente von 1620 bis 1778 den berühmten Nürnberger Meistersingern als Versammlungsort. 1945 brannte sie bis auf die Seitenwände nieder. Etwa in diesem Zustand wurde die Ruine konserviert und dient heute als Kulisse für musikalische Veranstaltungen und Theateraufführungen. In der nächsten Gasse links befindet sich „CINECITTA", das 1995 eröffnete Multiplexkino und seit 2001 ein IMAX-Kino.

Am nächsten freien Platz erhebt sich im Hintergrund der mächtige Komplex der neubarocken Landes-Gewerbeanstalt Bayern. Erbaut 1892–97 nach den Plänen von Theodor von Kramer, nahm dieses Gebäude die Sammlung des 1869 gegründeten „Bayerischen Gewerbemuseums" auf.

Nach der immer stärker werdenden technischen Ausrichtung und dem größeren Raumbedarf, wurde es jedoch 1989 an die „Nürnberger Versicherung" verkauft, die es vorbildlich renovierte. Seither wird das Gebäude als Bildungsstätte genutzt; einerseits von der Nürnberg Akademie der Versicherungswirtschaft und andererseits vom Bildungszentrum der Stadt Nürnberg.

In unmittelbarer Nähe finden wir in der modernen 1965–69 errichteten „Norishalle" das Museum der Naturhistorischen Gesellschaft und das Stadtarchiv.

Wir aber wenden uns vor der Hauptverkehrsstraße nach rechts, um der schmalen Gasse „Marientormauer" zu folgen, die innerhalb der ehemaligen Stadtmauer verläuft. Dort, wo wir die Lorenzer Straße überqueren, liegt vor uns am Marientor die **Kunsthalle** Nürnberg, in der Ausstellungen mit internationaler, zeitgenössischer Kunst präsentiert werden. Wir setzen unseren Rundgang durch die Gasse fort, die nun „Königstormauer" heißt.

Das freistehende **„Baumeisterhaus"** mit dem farbig gehaltenen Wappen bildet den Abschluss des Bauhofs gegen die Gasse. Es ist ein Werk des Meisters Jakob Wolff d. J., der das wuchtige Gebäude im Auftrag des Rates 1615 als Amtsgebäude für den Stadtbaumeister schuf. Bereits ein Jahr später begann er mit dem Neubau des mächtigen Rathauses.

Eine Tafel am nächsten Gebäude erinnert an das ehemalige polytechnische Institut (1829), wo der berühmte Physiker Georg Simon Ohm dozierte.

Das Baumeisterhaus von Jakob Wolff d. J. diente als Amtsgebäude für den Stadtbaumeister (1615)

Am Königstor

Auf der gegenüberliegenden Seite der Königstraße erhebt sich eines der Wahrzeichen Nürnbergs, der runde Frauentorturm. Das ca. 40 m hohe Bauwerk von damals quadratischem Grundriss war 1388 fertiggestellt und sicherte eines der 5 Stadttore. Diese Türme ummauerte man – mit Ausnahme des Tiergärtnertorturms – zwischen 1556 und 1559 mit weiten, runden Steinmänteln. Dadurch erhöhte sich ihr Durchmesser auf stattliche 18 m, die Mauerstärke immerhin bis zu 7 m. Die Tortürme waren Kernstücke der insgesamt 5 km langen, imponierenden Stadtbefestigung, die aus Hauptmauer (7–8,50 m hoch, 1 m stark) mit Wehrgang, dem 15 m breiten Zwinger, der Vormauer und dem 20 m breiten, bis zu 12 m tiefen Graben davor, bestand. Diese enorme Befestigung ließ der Rat an den Toren durch den Bau von Zugbrücken und Bastionen – wie beim Frauentor – zusätzlich verstärken. Auf diese Weise konnte in all den Jahrhunderten das Bollwerk nie von einem Feind bezwungen werden.

Holzbrücke zum Frauentor, durch das man in den Handwerkerhof gelangt

Im Waffenhof neben dem Königstor hat der Handwerkerhof „Alt Nürnberg" ein stilechtes Quartier gefunden. Mittelalterliche Handwerkergassen lassen hier die Geschichte zur lebendigen Gegenwart werden und laden zum Bummeln, Anschauen und Kaufen von vorzüglichen handwerklichen Erzeugnissen ein.

Wenn man am westlichen Tor in Richtung Innenstadt den Handwerkerhof verlässt, tritt man auf den neu geschaffenen Klarissenplatz. Er wird an seiner Westseite begrenzt

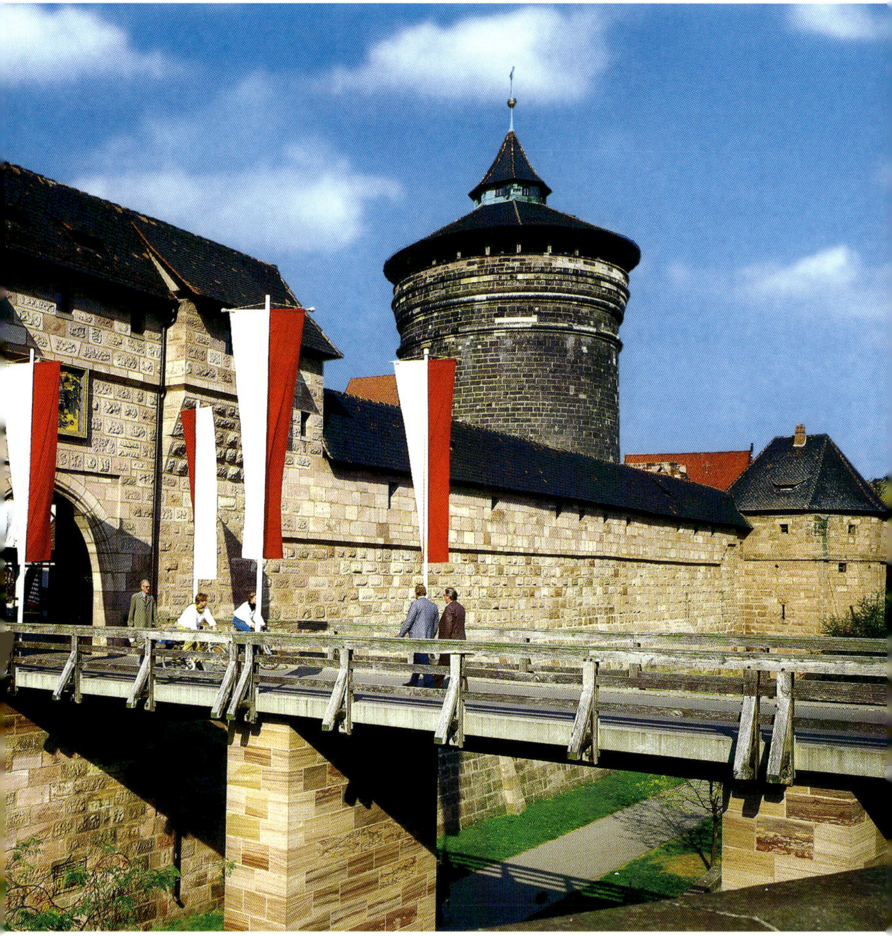

Handwerkerhof

Tel.: 09 11/98833-590
info@handwerkerhof.de
www.handwerkerhof.de
Geöffnet: Mo.–Sa. 9–22 Uhr
An Sonn- und Feiertagen geschlossen.
Gaststätten geöffnet: 10.30–18.30 Uhr
Ladengeschäfte geöffnet: 10.30–18.30 Uhr

vom **Neuen Museum Nürnberg,** das internationale Kunst der Gegenwart und weltweites zeitgenössisches Design beherbergt. Dieses Museum besticht in seiner äußeren Erscheinung durch die beeindruckende Architektur von Volker Staab. Die gebogene Glasfassade imaginiert Leichtigkeit und gewährt einerseits Einblicke in die Ausstellungsräume andererseits ergeben sich faszinierende Spiegelungen.

Neues Museum

Nürnberg,
Klarissenplatz/Luitpoldstr. 5
Tel.: 09 11/2 40 20-0
info@nmn.de
www.nmn.de

Geöffnet:
Di.–Fr. 10–20 Uhr, Sa. / So. 10–18 Uhr

Nun folgen wir der Königstraße in Richtung Altstadtzentrum. Durch eine schmale Baulücke auf der rechten Seite werfen wir einen Blick auf die **St.-Martha-Kirche,** die zu dem 1363 gestifteten Pilgerspital errichtet und 1385 geweiht wurde. Nach der Reformation diente die Kirche zwischen 1578 und 1620 den Meistersingern als Domizil und verfügt noch heute mit den Fensterstiftungen um 1390 über einen der frühesten Glasfensterzyklen Nürnbergs.

Auf der anderen Straßenseite erhebt sich die noch ältere **St.-Klara-Kirche,** geweiht 1274. Baumaßnahmen von 1428–54 brachten eine Erhöhung der Kirche und des Frauenchores, eine Vermehrung der Fenster, ein Oratorium und den Neubau der Sakristei. Die Kirche diente dem Klarissenorden als Klosterkirche. Neben der Westfassade fand man 1959 das Grab der Äbtissin Caritas Pirckheimer († 1532), der Schwester des bekannten Humanisten Willibald Pirckheimer. Vor der Kirche steht die Bronzeplastik Hiob von Gerhard Marcks.

Mauthalle und Zeughaus

Am Hallplatz stehen wir der mächtigen **Mauthalle** gegenüber, in der sich ab 1572 das reichsstädtische Zollamt befand (Maut = Zoll). Sie ist eines von drei Kornhäusern, die der Rat um 1500 von Hans Beheim d.Ä. errichten ließ. Das massige Gebäude ist in den vorletzten Stadtgraben gebaut. Es besteht aus umfangreichen Kellerräumen, deren Pfeiler zwei steinerne Hauptgeschosse tragen. Darüber wölbt sich das sechsgeschossige Dach mit zahllosen Luken und Fenstern.

Gegenüber dem Westgiebel, an der anderen Seite des Bauwerks, erhebt sich ein Quaderbau aus dem Jahre 1588. Von dem ehemaligen **Zeughaus** der Reichsstadt ist nur noch dieser Kopfbau erhalten. Zwei wuchtige Rundtürme mit Kuppeln flankieren das Portal des Renaissance-Torbaus, in dem heute eine Polizeiwache stilgerecht untergebracht ist.

Wappengeschmückter Torbau des ehemaligen reichsstädtischen Zeughauses (1588)

Das Germanische Nationalmuseum
(erweiterter Rundgang)

Geht man an der Giebelseite des Gebäudes weiter, so gelangt man nach knapp 100 m zum Germanischen Nationalmuseum, das ein komplettes Häuserquadrat zwischen Kornmarkt und Stadtmauer einnimmt. Der Haupteingang des Museums liegt seit der Fertigstellung des Erweiterungsbaus 1993 in der Kartäusergasse. Diese Gasse wurde von dem Israelischen Künstler Dani Karavan künstlerisch als „Way of Human Rights" (Weg der Menschenrechte) gestaltet. Auf die aus weißem Beton gegossenen Rundpfeiler sind die Artikel der Menschenrechte in Deutsch und jeweils in einer anderen Sprache als Sinnzeichen der Völkerverständigung eingraviert.

links:
Blick in die Kartäusergasse, gestaltet von Dani Karavan als „Way of Human Rights"

rechts:
Rundpfeiler mit jeweils einem Paragraphen der Allgemeinen Erklärung der Menschenrechte

Den Kern des Gevierts bildet das 1857 dem Museum zur Verfügung gestellte ehemalige Kartäuserkloster mit seiner Kirche (1381–83) und dem Kreuzgang aus dem 15. Jahrhundert. Teile des ehemaligen Augustinerklosters waren hierher transferiert, sind jedoch im Zweiten Weltkrieg zerstört worden, wie auch die meisten der historisierenden Gebäude des 19. Jahrhunderts, so dass viele der Museumsbauten erst nach 1955 entstanden.

Dieses größte Museum deutscher Kunst- und Kulturgeschichte verfügt heute über eine Ausstellungsfläche von 28.000 qm. Daher empfiehlt es sich, für eine Besichtigung mehrere Stunden einzuplanen. Etwa 300.000 Besucher zählt das Museum jährlich. Aus vorgeschichtlicher Zeit geben Waffen, Werkzeuge und Keramiken (zumeist Grabbeigaben) Kunde vom Leben der Menschen. Dazu kommen Einzelfundstücke wie der 310 g schwere, reich verzierte Goldkegel von Ezelsdorf (12.–11. Jh. v. Chr.). Im Erdgeschoss setzt sich die Reihe der ausgestellten Kunstgegenstände fort, beginnend in der Zeit der Karolinger bis zum Ende des Mittelalters. Eine Treppe höher sind Gemälde, Plastiken und Gegenstände des Kunsthandwerks der Neuzeit ausgestellt, die eine lückenlose Folge der Entwicklung der Kunststile von den Tagen Dürers bis heute bieten. Von Beginn an sammelte das Museum nicht nur Kleidung, Möbel und Schmuck der ehemals herrschenden Schicht, sondern auch Spielzeug, Backmodeln und Truhen der einfachen Bürger, jüdische Altertümer, Trachten aus allen Gebieten des deutschsprachigen Raumes, Zeugnisse der Volksfrömmigkeit wie des Humanismus.

Ausstattungsstücke von mittelalterlichen Kirchen, steinerne Gartenskulpturen des Rokoko und Objekte der deutschen Goldschmiedekunst. Spezialsammlungen ergänzen den Ablauf der Kunstgeschichte, wie er aus den gesammelten Stücken abzulesen ist. So besitzt das Museum in seiner Musikinstrumentenabteilung die größte Sammlung von Klavieren auf der Welt, die größte Bibliothek zur deutschen Kulturgeschichte (ca. 570.000 Bände) sowie eine umfangreiche Sammlung von Grafiken. Eine besondere Kostbarkeit ist der erste erhaltene **Erdglobus** der Weltgeschichte, den **Martin Behaim** aus Nürnberg 1491/92 fertigen ließ – natürlich noch ohne Amerika. Zu den wertvollsten Kunstwerken zählen Skizzen, Handzeichnungen und Gemälde **Albrecht Dürers** und zahlreiche Arbeiten des Bildhauers **Veit Stoß**.

Gegründet wurde das Museum 1852 von der „Versammlung deutscher Geschichts- und Altertumsforscher" auf Initiative des fränkischen Freiherrn Hans von und zu Aufseß, der auch in den Aufbaujahren die Leitung übernahm. Die Nation sollte durch das Wissen um die gemeinsamen Zeugnisse aus der Vergangenheit in ihrem Bestreben um die politische Einheit unterstützt werden. So wurde mit der Gründung des „Germanischen Nationalmuseums" dem deutschsprachigen Raum, ohne Berücksichtigung der politischen Grenzen, ein Ort der Zusammengehörigkeit gegeben, getragen vom ganzen Volk. Während die laufenden Kosten von der Stadt, dem Land Bayern und dem Bund gemeinsam getragen werden, werden noch heute die Neuerwerbungen durch Beiträge und Spenden der Mitglieder und Förderer finanziert im Sinne der Gründungsversammlung des Jahres 1852.

Germanisches Nationalmuseum

Kartäusergasse 1
Tel.: 09 11/1 33 10
info@gnm.de
www.gnm.de

Öffnungszeiten:
Di. bis So. 10–18 Uhr, Mi. 10–21 Uhr

Die St.-Lorenz-Kirche

Zwischen der Mauthalle und dem Zeughaus hindurch führt uns die Einkaufsstraße „Pfannenschmiedgasse" direkt zur Lorenzkirche, die ihrer Schwesterkirche St. Sebald sowohl äußerlich als auch von der Qualität der Ausstattung fast zwillingshaft ähnelt.

Über den Grundmauern einer früheren kleineren dreischiffigen romanischen Basilika begann man um 1260 mit dem Bau des heutigen Gotteshauses. Mit der zwischen dem Turmpaar eingefügten Schmuckwand mit mehrschichtiger Maßwerkrosette von 10,28 m Durchmesser außen und 5,90 m innen, war das Werk um 1360 beendet. Gegen Ende des 14. Jahrhunderts setzte man die Außenwände bis ans äußere Ende der Strebepfeiler, um Raum für Kapellen und größere Fenster zu gewinnen. Inzwischen waren die beiden Siedlungen nördlich und südlich der Pegnitz von einer einheitlichen Stadtmauer umgeben, und immer mehr Patrizier zogen auch in den Lorenzer Stadtteil. Dadurch waren der Kirche größere Geldquellen erschlossen, Stiftungen trugen zur reichen Ausstattung bei.

Um der Konkurrenz von St. Sebald Paroli zu bieten, schuf man für die Reliquien des hl. Deocarus, einst Beichtvater Karls des Großen, einen Silberschrein ähnlich dem des Sebaldusgrabes. Aus der Verehrung des Deocarus- oder Zwölfbotenaltars (1437) ergab sich die Notwendigkeit für den Bau eines Hallenchors mit Umgang, wie ihn St. Sebald besaß. Unter Mitwirkung verschiedener Meister konnte das Werk in 38 Jahren (1439–77) fertiggestellt werden. Das ist umso verwunderlicher, als der Rat die Auflage erteilt hatte, nur das jeweils aus Sammlungen in der Bürgerschaft eingegangene Geld zu verbauen. Trotz Reformation und Kriegszeiten blieben die meisten der reichen Kunstschätze erhalten. Empfindliche Verluste gab es lediglich nach der Übernahme der Stadt von Bayern (1806). Um die Schulden der Stadt abzubauen, verkaufte man unersetzliche Werke wie den Silbersarg des hl. Deocarus und das mittelalterliche Bronzetaufbecken – beide wanderten in den Schmelzofen.

Westfassade der St.-Lorenz-Kirche mit mächtigem, spitzbogigem Figurenportal, Fensterrose und durchbrochenem Giebel

Im 2. Weltkrieg hatte man zwar das bewegliche Kunstgut im sog. Kunstbunker (Felsenkeller unter der Burg) sicher eingelagert, der Bau jedoch erlitt schwere Schäden. Das Gewölbe des Langhauses war ab Obergaden zerstört, während das Gewölbe des Ostchores zwar stark beschädigt war, aber doch nicht einstürzte. Die beiden Türme sowie die westliche Schaufassade und die Umfassungsmauern blieben erhalten. Die Nürnberger Bürgerschaft und die Lorenzer Kirchengemeinde brachten auch in dieser schwierigen Zeit die Mittel auf, ihre Kirche wiederherzustellen, so dass sie 1952 bereits wieder benutzt werden konnte.

Eines der kunstvollsten Werke des Nürnberger Bildhauerhandwerks ist die Bildergeschichte im Bogenfeld des **Hauptportals**. Sie erzählt vom Leben Jesu, von Geburt und Kindheit in den unteren Feldern, von der Passion darüber. Diese führen zum Weltgericht, heraldisch rechts die Seligen und links die Verdammten, welche in der Hölle versinken. Über allem Christus als Weltenrichter, assistiert von Maria und Johannes dem Täufer. 14 Propheten und die 12 Apostel rahmen die Erzählung, im unteren Teil Adam und Eva als Sinnbild der Erbsünde, zwei weitere Propheten sowie die Kirchenpatrone Lorenz und Stefan. Das figurenreiche Gesamtbild mit dem Portal, der Rose und dem 12 m hohen Ziergiebel lässt durch ihre Ähnlichkeit mit der Westfassade der Frauenkirche und zahlreicher Kathedralen in Frankreich maßgeblichen Einfluss der Parler auf die Bauplanung erkennen.

Den Helm des Nordturms ersetzte man 1865 nach einem Blitzschlag durch eine stählerne Konstruktion, die ihn von seinem südlichen Partner unterscheidet. Am Fuß des Turms ist ein eisernes Normmaßband eingelassen, das 6 „Nürnberger Werkschuh" (à 27,84 cm = 167,04 cm) festlegt.

Durch die südliche Seitentür (Apothekertüre) betreten wir das Gotteshaus und lassen vom Mittelgang aus zunächst das harmonische Gesamtbild auf uns wirken. Zu den ältesten Plastiken Nürnbergs zählt die lächelnde Anbetungsmadonna (um 1285) am 4. nördlichen Pfeiler. Etwas weiter vorn hängt der spätgotische **Bronzeleuchter** (1489) von Peter Vischer. Seine Aufhängevorrichtung im Gewölbe war eine technische Meisterleistung. Der in Holz geschnitzte **Erzengel Michael** (vor 1477) ist möglicherweise ein Frühwerk von Veit Stoß. Am rechten Pfeiler stellt eine Dreiergruppe (um 1490) das Martyrium des hl. Sebastian dar, den Schutzheiligen gegen die Pest. Diese Seuche war vom 14. Jahrhundert bis zu ihrem letzten Auftreten in Nürnberg im Jahr 1713 eine schlimme Geißel der Stadtbevölkerung. Das letzte Pfeilerpaar des Langhauses schmücken die gefassten Holzfiguren der beiden Kirchenpatrone Lorenz (links) und Stefan (1440/50). Den modernen Chorschwellenaltar am Abschluss des Langhauses flankieren der Katharinenaltar – 1485/90 von Michael Wolgemut – und links der Nikolausaltar, (um 1505/10). Seine Flügelgemälde sind Arbeiten des Dürerschülers Hans Süß von Kulmbach.

Besonders deutlich markiert das Lebensbaumkreuz im Triumphbogen mit überlebensgroßem Kruzifixus (Ende

oben: Katharinenaltar aus der Werkstatt Michael Wolgemuts, dessen Seitenflügel er selbst malte (1485/90). Am Seitenschiffpfeiler der hl. Stephanus als Diakon, der seiner Attribute beraubt wurde.
rechts: Verkündigungsdarstellung von Veit Stoß, der sog. Engelsgruß (1517)

14. Jh.) den Übergang zum Chorraum, eine Stiftung der Familie Imhoff.

Den Raum des Hallenchores beherrschen drei Kunstwerke: neben dem Sakramentshaus der vergoldete Kronleuchter und vor allem der geschnitzte **„Engelsgruß"**, eines der Hauptwerke des berühmten Künstlers Veit Stoß. Beide Stücke ließ der Vorderste Losunger (= Oberbürgermeister) Anton II. Tucher 1517/18 für insgesamt 550 Gulden anfertigen und im Chorraum befestigen.

Der Leuchter von etwa 2,50 m Durchmesser und Höhe besteht aus vergoldetem Eisen, die 55 Kerzenhalter aus vergoldetem Holz. In seinem oberen Gehäuse trägt er die in Lindenholz geschnitzte Statue einer gekrönten Maria, die aus der Werkstatt des Veit Stoß stammt. Betrachten wir nun den Engelsgruß etwas näher. Die überlebensgroßen Hauptfiguren sind der Verkündigungsengel Gabriel und die Jungfrau Maria, die bestürzt und ergeben zugleich dreinblickt. Der Kranz enthält 55 Rosen, die gleiche Zahl wie der Leuchter Kerzen. Sie symbolisieren das

*Rückseite vom „Engelsgruß"
mit Sonnenmedaillon*

Rückseite vom „Engelsgruß" mit Mondmedaillon

Rosenkranzgebet: fünfmal zehn Ave Maria, dazu je ein Vaterunser. Engelsgestalten umfliegen die Hauptfiguren, doch über allen thront Gottvater.

Zum modernen Hauptaltar gehört das Kruzifix des Veit Stoß, gefertigt wohl zwischen 1516 und 1520. Kopf, Körper und Lendentuch sind aus einem Stück Lindenholz geschnitzt.

Bis ins Gewölbe empor ragt der schlanke, fast 20 m hohe Aufbau des **Sakramentshauses,** um sich diesem dort rankengleich anzuschmiegen. Eine Fülle von Figuren und Szenen zwischen den Fialen des Aufbaus nimmt Bezug auf die Passion, wie es im erhaltenen Werkvertrag mit dem Stifter Hans Imhoff festgelegt war.

Zwischen dem Sakramentshaus und der Gedenktafel an den Amerikaner Rush Kress, Mäzen beim Wiederaufbau nach dem 2. Weltkrieg und Nachkomme der einheimischen Patrizierfamilie Kress von Kressenstein, treten wir in

Blick in den Ostchor der St.-Lorenz-Kirche mit seinen herausragenden Kunstwerken

den Chorumgang hinaus. Der linke der drei Altäre, die hier nebeneinander stehen, ist der **Deocarusaltar** (1437). Er barg bis 1811 den silbernen Reliquienschrein, der dann verkauft und eingeschmolzen wurde. Die Reliquien befinden sich seit 1845 in Eichstätt. Die unteren Gemälde auf Goldgrund zeigen links die Abnahme der Beichte Karls des Großen und den Tod des Heiligen, rechts die Übergabe der Reliquien durch Kaiser Ludwig den Bayern an die Nürnberger Geistlichkeit und die Verehrung der Reliquien.

Die Verglasung des Fensters im Chorhaupt, des Kaiserfensters (1477), stammt aus der Werkstatt des Michael Wolgemut. Es wurde von Kaiser Friedrich III. und seiner Gemahlin Eleonora von Portugal gestiftet. Darunter steht der Krell-Altar (um 1483). Besonders interessant ist der Hintergrund des Gemäldes, der die älteste erhaltene Darstellung der Stadt Nürnberg zeigt. Das farbenprächtige Volckamerfenster im übernächsten Feld, hergestellt um 1480 in Straßburg, gilt als eines der Meisterwerke spätgotischer Glasmalerei. Eine monumentale Inschrift an der Stirnwand dieses Seitenschiffs bezeugt die Zahl 1477 als Jahreszahl der Fertigstellung des Chorbaus.

Mit dem Rochusaltar beginnen wir den Gang durch die Seitenschiffe. Er wurde von der Familie Imhoff in einer Zeit gestiftet, als die Pest gerade wieder fürchterlich in Nürnberg gewütet hatte, um 1483/85. Die ausdrucksvollen Hauptfiguren sind der hl. Rochus und ein Engel, dem der Heilige seine Pestbeulen zeigt. Es folgt ein Steinrelief (um 1500) mit einer Darstellung der Erdrosselung der Beatrix aus Adam Krafts Werkstatt.

Die Figuren der Muttergottes, des Antonius, des Bischofs und der Veronika sind Schöpfungen des späten 14. Jahrhunderts.

Das letzte Fenster dieses Seitenschiffs wurde von Veit Hirsvogel (1509) nach Dürer-Motiven gefertigt. Die Feyerglocke unter der Orgelempore stammt aus dem frühen 14. Jahrhundert und musste wegen ihrer Beschädigungen durch Artilleriebeschuss nach dem 2. Weltkrieg aus dem Geläut genommen werden.

Vorbei an dem ersten südlichen Seitenschiffpfeiler, an dem die zerstörte St. Lorenz Kirche zu sehen ist, verlassen wir diese zweite große Nürnberger Kirche und ihre Kunstschätze, die fromme Bürger in ihrer Andachtstätte angesammelt haben.

St.-Lorenz Kirche

Geöffnet:
Mo. bis Sa. 9–17 Uhr, So. 13–16 Uhr,
täglich an Werktagen 17 Uhr
Kurzandacht

Der Tugendbrunnen und das Nassauer Haus

Zu den Wahrzeichen der Stadt gehört der **Tugendbrunnen** nördlich der Westfassade der Lorenzkirche. Aus dem achteckigen Becken erhebt sich eine bronzene Brunnensäule, in 3 Stockwerke unterteilt und mit 7 menschlichen Figuren geschmückt. Dies sind Darstellungen der 7 Tugenden des Mittelalters, erkennbar an den Attributen der Frauengestalten: Glaube (Kreuz), Liebe (Kinder), Hoffnung (Anker), Großmut (Löwe), Mäßigkeit (Krug und Trinkgefäß) und Geduld (Lamm) sowie als Bekrönung der Brunnensäule die Gerechtigkeit (verbundene Augen, Waage und Schwert).

Die Putto-Figuren der mittleren Etage tragen das reichsstädtische Wappen Nürnbergs. Aus ihren Trompeten ergießen sich scharfe Wasserstrahlen, wie auch aus den Brüsten der Frauengestalten, so dass sich ein scheinbar ungeordnetes Kreuz und Quer der Wasserstrahlen ergibt. Der Brunnen entstand 1584–89 in der sinnenfrohen Zeit der Renaissance als Werk des Erzgießers Benedikt Wurzelbauer.

links:
Der Tugendbrunnen mit den 7 Kardinaltugenden von Benedikt Wurzelbauer (1584–89)

rechts:
Das sog. Nassauerhaus, das einzige in Nürnberg erhaltene mittelalterliche Turmhaus

Gerade gegenüber erhebt sich der sechsstöckige Bau des **Nassauer Hauses**. Der Baustil eines romanischen Wohnturms war als Herrensitz bis ins 13. Jahrhundert in Deutschland gebräuchlich. Ursprünglich als Ministerialensitz errichtet, ist es das einzige erhaltene Beispiel eines mittelalterlichen Turmhauses in Nürnberg.

Tatsächlich handelt es sich hier um das älteste Wohnhaus Nürnbergs, jedenfalls was das Kellergeschoss und die beiden folgenden Etagen betrifft. Unter den vielen Besitzern des Nassauer Hauses wird erwähnt, dass Jobst Haug 1421–23 vieles an dem Haus gebaut habe.

Die beiden oberen Geschosse aus dem 15. Jahrhundert unterscheiden sich deutlich durch regelmäßiges Quadermauerwerk von den unteren, älteren Geschossen mit unregelmäßigen Steinen. 1427 erwarb Ulrich Ortlieb das Anwesen.

Das oberste Geschoss mit dem Wappenfries und den Eckerkern ließ Ortlieb 1433 dazubauen. Zu dieser Zeit dürfte auch das Chörlein an der Ostseite vorgesetzt worden sein. Es wird berichtet, dass der reiche Bürger Ulrich Ortlieb König Sigismund 1431 einen Kredit von 1500 Gulden gewährte und dieser ihm dafür eine Krone verpfändete. Daran erinnern die Wappen an der Steinbalustrade, die der stolze Geldverleiher anbringen ließ: Erzherzogtum Österreich, Großes Nürnberger Stadtwappen, Grafschaft Cilly, Trier, Köln, Mainz, Wappen des römischen Königs, des Papstes Eugen IV., des Hl. Stuhls (Schlüssel), der Stadt Rom (S.P.Q.R.) und des römischen Kaisers, die Wappen Böhmen, Kurpfalz, Sachsen, Brandenburg, St. Lorenz, Kleines Nürnberger Stadtwappen, Ortlieb.

Der Name des Hauses beruht auf einem Irrtum: Man schrieb in späteren Zeiten die Geschichte mit der verpfändeten Krone fälschlicherweise dem König Adolf von Nassau (1292–98) zu. Das Gebäude, letztes Relikt einer frühen Bauepoche, gehört seit 1709 der Schlüsselfelderschen Familienstiftung.

Weißer Turm

Die Karolinenstraße führt vom Nassauer Haus nach Westen. Am Hefnersplatz erinnert eine Bronzestatue (1905) am **Peter-Henlein-Brunnen** an den Nürnberger Mechaniker (1485–1542), der als Erfinder der Taschenuhr gilt, zumindest aber eine der ersten mit Federwerk getriebenen Uhren herstellte. Er hält eine der frühen Taschenuhren, ein „Nürnberger Ei", in der Hand, während er seinen Fuß auf ein Uhrgewicht setzt.

An einem modernen Brunnen beginnt der Ludwigsplatz, wo wir bald dem **Weißen Turm** gegenüberstehen. Er gehörte als Torturm zur älteren Stadtbefestigung (Mitte 13. Jh.) und steht heute über einem Bahnhof der U-Bahn. Drei Wappen schmücken seine Stadtseite: unten die beiden von Nürnberg, darüber der Reichsadler, gehalten von zwei Löwen.

Bevor wir das Tor durchschreiten, betrachten wir den figurenreichen, modernen Brunnen davor, das **„Ehekarussell"**. Was auf den ersten Blick verwirrend scheint, erklärt

Das „Ehekarussell", gestaltet von Jürgen Weber (1984) nach dem Gedicht von Hans Sachs: Das bittersüße ehlich Leben

Bild der jugendlichen Angebeteten vom Brunnen „Das Ehekarussell"

sich nach einer Studie des angebrachten Gedichts von Hans Sachs aus dem Jahre 1541: Menschen und Getier stellen Szenen dar, welche die guten, aber auch die möglichen schlimmen Seiten eines Ehelebens drastisch aufzeigen (geschaffen von Prof. Jürgen Weber, Braunschweig, 1984).

Die Wehrhaftigkeit des Weißen Turms erhöhten die Stadtbaumeister dadurch, dass sie eine kleine Bastei mit Rundtürmen und einem Vortor an seiner Außenseite vorsetzten. Wir überqueren die Dr.-Kurt-Schuhmacher-Straße, die den Verlauf des älteren Stadtgrabens markiert.

An der Jakobskirche

Den Jakobsplatz beherrschen die Kirchenbauten von St. Jakob, links und St. Elisabeth. Letztere war die Hauskapelle des Deutschen Ordens, der hier das Gelände eines alten Königshofes im Jahr 1209 von Kaiser Otto IV. als Geschenk erhalten hatte und darauf das älteste Spital der Stadt unterhielt.

Offizielle Ordenskirche war jedoch **St. Jakob**. Der langgestreckte Chor des heutigen Baus stammt aus der Mitte des 14., das Schiff aus dem 15. Jahrhundert. Das Gotteshaus mit dem spitzen Turmhelm ist nach den schweren Schäden von 1945 ausgezeichnet wiederhergestellt und hat heute wieder sehenswerte Kunstschätze vorzuweisen. Im Chor sind es besonders die Sandsteinfiguren (14. Jahrhundert) und vier Apostelstatuen aus Ton (1410/20, sämtlich älter als das heutige Bauwerk selbst sowie das Sakramentshaus, das mit dem Innenausbau des Chores entstand.

Der Hauptaltar (um 1370) gilt als ältester Schreinaltar Nürnbergs, die gotischen Ziergiebel und die auf goldfarbenem Grund gemalten Figuren in den Blendmaßwerkfeldern sind noch ursprünglich. An der rechten Stirnwand des Langhauses steht ein eindrucksvoll geschnitztes Bildwerk mit der Beweinung Christi (um 1500), daneben ein Zwölfbotenaltar (Anfang 16. Jahrhundert, rechtes Relief später ergänzt). Der Kruzifixus darüber wird von Maria und Johannes flankiert. An der Südseite des Schiffes sind 4 Flügel eines 1490 gemalten Altares aus der Werkstatt von Michael Wolgemut angebracht. Über dem 1516 gestifteten Hagelsheimer Altar, an der linken Stirnwand des Langhauses, sehen wir eine Anna Selbdritt, um 1505 von Veit Stoß oder seiner Werkstatt geschaffen.

Die vorhandenen Aufschwörschilde fanden beim Zeremoniell der Aufschwörung Verwendung: Vor der Aufnahme in den Orden mussten die Kandidaten den Nachweis der ritterlichen Abstammung erbringen, beschworen von Zeugen. Auch erinnern einige alte Grabsteine von Ordensrittern, so der des Konrad von Egloffstein († 1416), an die Zeit, in der die Kirche dem Deutschen Orden als Gotteshaus diente. Der Minnesänger und Dichter Thannhäuser war um 1250 bis 1261 Ordensritter in Nürnberg. Man nimmt an, dass er in der St. Jakobskirche beigesetzt ist.

Betrachten wir nun die St.-Elisabeth-Kirche etwas näher. Nachdem die Deutschherrn die frühere gotische Kirche 1785 hatten abreißen lassen, erbauten sie in den folgenden Jahren den klassizistischen Zentralbau mit der mächtigen, 50 m hohen Kuppel. Als der Orden 1809 jedoch aufgelöst wurde, blieb der Innenausbau zunächst unvollendet. Erst 1902–05 wurde er abgeschlossen, nachdem St. Elisabeth 1885 der katholischen Gemeinde als zweite Pfarrkirche der Altstadt übergeben worden war. Das Deutschordenskreuz auf der Kuppel erinnert an die Erbauer des Gotteshauses, die Deutschherren. Sie waren die einzigen, die nach der Reformation in Nürnberg (1525) noch die katholische Messe in ihrer Kirche halten durften.

Nach rechts schließen sich die ehemaligen Spitalgebäude an, die im 19. Jahrhundert als Kaserne dienten und heute das Polizeipräsidium beherbergen. Außer Kirche und Spitalhaus blieb von dem umfangreichen Häuserblock nach den Kriegsschäden lediglich der Getreidespeicher auf der Rückseite des Komplexes erhalten.

St.-Jakobs-Kirche: Hagelsheimer Altar, 1516 gestiftet von der Familie Held

Spittlertor und Rochusfriedhof
(erweiterter Rundgang)

Die Ludwigstraße in Verlängerung der Jakobskirche führt zum **Spittlertor**, einem der vier runden, mächtigen Tortürme, samt Waffenhof. Davor liegt ein Verkehrsknotenpunkt der Ringstraße um die Altstadt, der Plärrer.

Der Name leitet sich von dem mittelhochdeutschen Wort „plarre" her, das soviel wie „freier Platz" bedeutet. Ursprünglich fanden hier Volksbelustigungen mit Zirkus, Menagerien und Schaubuden statt. Von hier startete 1835 die erste Eisenbahn Deutschlands, die Ludwigseisenbahn, in Richtung Fürth. Die Lokomotive „Adler" sowie der Lokführer William Wilson kamen aus England.

Die Rothenburger Straße, etwa halbrechts von der zuletzt eingeschlagenen Richtung, führt nach zirka 300 m zum **Rochusfriedhof**. Nachdem der Rat der Stadt 1518 jegliches Begräbnis auf den alten Friedhöfen innerhalb der Mauern verboten hatte, legte man für die Verstorbenen der Lorenzer Stadtseite diese Ruhestätte an.

Die liegenden Grabsteine sind deshalb so einheitlich, weil Größe und Form – ebenso wie auf dem Johannisfriedhof der Sebalder Stadthälfte – schon seit 1522 genau festgelegt waren, um die Gleichheit nach dem Tod zu symbolisieren. Unterschiede gibt es lediglich in der mehr oder weniger qualitätsvollen Ausgestaltung der gegossenen Bronzetafeln aus dem 16.–18. Jahrhundert, die Namen, Beruf und Wappen des Verstorbenen enthalten. Im Grab Nr. 90 ruhen der berühmte Erzgießer Peter Vischer, Schöpfer des Sebaldusgrabes, und seine Söhne.

Die **Rochuskapelle** entstand 1520 als Stiftung des Patriziers Konrad Imhoff. Die kunstvollen Glasmalereien (1521) von Veit Hirsvogel sind bis heute erhalten.

Im Inneren stehen 3 bemerkenswerte Altäre: der Rosenkranzaltar (1522), der nördliche Seitenaltar und der Hauptaltar (um 1521), dessen Flügelgemälde den Einfluss Albrecht Dürers erkennen lassen.

DB Museum – Verkehrsmuseum Nürnberg
Museum für Kommunikation
(außerhalb des Rundgangs)

Weil das Verkehrsmuseum von dieser Stelle unseres Rundgangs am schnellsten zu erreichen ist, wird es hier beschrieben, obwohl eine Besichtigung doch einige Zeit und Kondition erfordert.

Durch die Kartäusergasse an der Westseite des Germanischen Nationalmuseums und das Kartäusertor gelangen wir, nach dem Überqueren der Ringstraße, in die Lessingstraße und damit schon zum Besuchereingang. Zwei eigenständige Museen befinden sich hier unter einem Dach. Das **DB Museum** und das Museum für Kommunikation im Verkehrsmuseum.

Ersteres ist das älteste deutsche Eisenbahnmuseum, entstanden aus einer Sammlung von Fahrzeugmodellen der königlich bayerischen Staatseisenbahn, die zwischen 1882 und 1892 auf der Landesgewerbeausstellung in Nürnberg gezeigt wurde. In die jetzigen Gebäude konnte man 1925 einziehen. Ein Ausstellungsraum in dem zum Jubiläumsjahr 1985 völlig neu gestalteten Museum ist der Geschichte der Eisenbahn gewidmet. Anhand von Modellen, Bildern, Grafiken, nachgestellten Szenen und Dioramen wird in mehreren Epochen die Entwicklung der Eisenbahn aufgezeigt.

In 2 Fahrzeughallen stehen zahlreiche Originalfahrzeuge, Lokomotiven aller Traktionen und Wagen, wie z.B. der Salonwagen des Bayerischen Märchenkönigs Ludwig und der Salonwagen des Fürsten Bismarck. Auch eine Nachbildung des 1. Deutschen Eisenbahnzuges mit der Lokomotive „Adler" ist zu besichtigen. Die Originalfahrzeuge werden ergänzt durch die weltweit umfangreichste Fahrzeugmodellsammlung im Maßstab 1:10.

Das **Museum für Kommunikation** ist eines der ältesten technikgeschichtlichen Museen Europas und präsentiert seine Sammlungen im 2. und 3. Obergeschoss des Museumsbaus an der Lessingstraße auf rund 2.000 qm. Gezeigt werden die Entwicklung der Post und Kommunikation unter Berücksichtigung der bayerischen Postgeschichte aus fünf Jahrhunderten. Kutschen und Kraftfahrzeuge, Reise-Utensilien und Mobiliar, technische Geräte vom frühen Telegrafen bis zum modernen Telefon spiegeln die Geschichte von Post und Nachrichtenübermittlung vom Mittelalter bis heute wider. Verschiedene Geräte, vom Morseapparat bis zur Telefonvermittlungsanlage, laden zum Ausprobieren ein. Wechselausstellungen vertiefen die Auseinandersetzung mit den vielfältigen Aspekten menschlicher Kommunikation.

KIBALA, alles für Kinder
Züge der alten und
neuen Generation

DB Museum
Lessingstr. 6, Tel.: 0 18 04/44 22 33
werner.holub@bku.db.de
www.dbmuseum.de
Geöffnet: Di. bis Fr. 9–17 Uhr
Sa.+So. 10–18 Uhr

Museum für Kommunikation
Lessingstr. 6, Tel.: 09 11/2 30 88 85
mk.nuernberg@t-online.de
www.museumsstiftung.de
Geöffnet: Di. bis Fr. 9–17 Uhr, Sa.+So. 10–18 Uhr

23 Unterwegs zum Neutor

Zwischen Jakobsplatz und Weißem Turm verläuft die Dr.-Kurt-Schuhmacher-Straße. Wir folgen ihr in Richtung Nordwesten und verlassen das Altstadtgebiet durch das Westtor. Wer die Beschaulichkeit liebt, beschreitet nun den Fußweg vor dem Zwinger in Richtung Burg. Einen besseren Überblick bietet allerdings das Trottoir neben der verkehrsreichen Straße.

Der geräumige Wehrgang der Hauptmauer ist hier großenteils ausgebaut und als Wohnraum genutzt. Ein Festungswerk mit dem spitzgieblign **Schlayerturm** und einer Bastion sichert die beiden Brücken über die Pegnitz. Um den Rundturm des Neutors ist die Zwingermauer im Zuge der Modernisierung der Stadtbefestigung 1563/64 winklig in Form einer Schanze herumgeführt worden.

Stadtbefestigung am westlichen Pegnitzausfluss und sog. Schlayerturm (1422)

Auf dem Johannisfriedhof

An dieser Stelle könnte man einen weiteren Abstecher anschließen: Die Johannisstraße führt als Verlängerung der Tordurchfahrt zum Johannisfriedhof (ca. 1 km). Er ähnelt dem Rochusfriedhof in vielem. Zwar diente er bereits seit dem 13. Jahrhundert als Begräbnisstätte für die Verstorbenen des benachbarten Siechenhauses und der umliegenden Dörfer, doch übernahm er ab 1518 die Aufgabe des Friedhofs für den Sebalder Stadtteil. Mehr noch als auf dem Rochusfriedhof finden sich hier berühm-

Sommerliche Blütenpracht auf den Grabsteinen vor der St.-Johannis-Kirche

te Namen auf den Bronze-Epitaphien der flach am Boden liegenden Grabsteine: Albrecht Dürer (Grab 649), Veit Stoß (268), Veit Hirsvogel (903), Willibald Pirckheimer (1414) und Anselm Feuerbach (715) sind die bekanntesten.

Inmitten der sarkophagähnlichen Grabstätten ragt die **Johanniskirche** empor, bereits 1395 bis auf die Sakristei (15. Jh.) fertiggestellt. Die Seitenflügel des Hauptaltars (um 1515) schmücken Gemälde des Dürerschülers Wolf Traut. Sehenswert sind ferner das Sakramentshaus (um 1380), der kleine Seitenaltar (um 1440) sowie einige der Epitaphien. Ein weiteres Gebäude, der spätgotische Rundbau der **Holzschuher-Kapelle,** befindet sich auf dem östlichen Teil des Friedhofs. Es enthält das letzte große Werk Adam Krafts aus seinem Todesjahr (1508), die Grablegung Christi. Sie bildet den Abschluss des Kreuzweges, den der Künstler wohl im Auftrag des Bamberger Ritters Heinrich Marschalk von Rauheneck schuf und der am Pilatushaus begonnen hatte.

Wir wenden uns zurück zur Altstadt. In unmittelbarer Nähe zum Friedhof befanden sich im 16., 17. und 18. Jahrhundert zahlreiche Gartenanlagen, die so genannten Hesperidengärten. Ihr Name rührt von den Pomeranzen- und Limonensammlungen her, die ehemals dort aufgestellt waren und spielt auf die antike Sage des Herakles an, zu dessen Taten es gehörte, goldene Äpfel – vielleicht Pomeranzen – aus dem Garten der Hesperiden zu entwenden. Drei dieser barocken Gartenanlagen wurden rekonstruiert und bieten einschließlich Sommerhaus (Johannisstraße 47) ein zauberhaftes Ensemble.

Zurück am Neutor setzen wir unseren Weg entlang der Befestigungsmauer fort. Je näher wir der Burg kommen, desto stärker und verwinkelter werden die Bastionen. Sie beginnen südwestlich des Tiergärtnertorturms, der als einziger der großen Tortürme ohne Rundmantel geblieben ist. Nach Plänen des italienischen Festungsbaumeisters Antonio Fazuni ließ die Stadt die gewaltigen Bastionen im 16. Jahrhundert errichten und bezog so die Burg in ihr Verteidigungssystem mit ein. Durch das Vestnertor gelangen wir in den Burghof zurück, wo wir unseren Rundgang beenden.

Auf den Spuren des Nationalsozialismus

Der Name Nürnbergs ist eng verknüpft mit Begriffen aus der Zeit des „Dritten Reiches": Die Stadt war Schauplatz der Reichsparteitage, hier entstanden die berüchtigten „Nürnberger Gesetze", gab der Franken-Gauleiter Julius Streicher das antisemitische Hetzblatt „Der Stürmer" heraus, hier fanden schließlich die sog. „Nürnberger Prozesse" statt.

Dabei gab es in der Franken-Metropole eher weniger Nationalsozialisten als anderswo. Hitlers Vorliebe für Nürnberg liegt vielmehr in ihrer älteren Geschichte begründet, als die Stadt Schauplatz der Reichstage und Aufbewahrungsort der Reichskleinodien war, die heimliche Hauptstadt des Heiligen Römischen Reiches Deutscher Nation.

Bereits im August 1923 begingen Nationalsozialisten und ähnliche politische Gruppen den „Deutschen Tag" mit einem Vorbeimarsch an Ludendorff, Hitler und Streicher auf dem Hauptmarkt, im gleichen Monat gab letzterer die erste Auflage seines Schmutzblattes in der Pfannenschmiedgasse Nr. 19 heraus. 1927 folgte der erste Reichsparteitag in Nürnberg, 1929 der nächste und ab 1933 jedes Jahr im September bis 1938. Im Jahr 1935 verabschiedete der Reichstag auf einer Sondersitzung die „Nürnberger Gesetze", welche die deutschen Juden zu Menschen zweiter Klasse degradierten.

Kurz nach der Machtübernahme 1933 verfügte Hitler, Nürnberg solle „für alle Zeiten" Schauplatz der Reichsparteitage sein. Damit begann eine gewaltige Bautätigkeit auf dem Gebiet des Dutzendteiches im Südosten der Stadt. Mehr als 130 Firmen arbeiteten für den Zweckverband Reichsparteitag Nürnberg (ZRN). Eines der größten Projekte war das Märzfeld, ein Aufmarschgelände von 60 ha Fläche, umgeben von 28 Türmen zu 40 m Höhe. Das „Deutsche Stadion" war für 405.000 Zuschauer geplant, blieb jedoch im Stadium der Erdarbeiten unvollendet. Die **„Große Straße"**, 60 m breit und ca. 2 km lang und als zentrale Achse des Reichsparteitagsgeländes in ihrer nordwestlichen Verlängerung exakt auf die Nürnberger Burg als Symbol des alten Reiches ausgerichtet, dient heute als Parkplatz für Hunderte von Bussen, die vor allem während des Christkindlesmarktes nach Nürnberg kommen.

Gigantisch wirkt immer noch die unvollendete **Neue Kongresshalle,** ein hufeisenförmiger Bau, (275 m lang, 265 m tief), der nur zur Hälfte fertiggestellt wurde. Vor allem fehlen die Besuchertribünen und eine freitragende Überdachung. Nach dem Vorbild des antiken „Kolosseums" in Rom konzipiert, sollte es 50.000 Menschen fassen. Der Bau wird heute teilweise als Lagerhalle genutzt. Der südliche Kopfbau dient als Domizil der Nürnberger Symphoniker.

Im nördlichen Kopfbau ist seit November 2001 das **Dokumentationszentrum Reichsparteitagsgelände** eingerichtet. Nach den Plänen des Architekten Günther Domenig aus Graz entstand die bauliche Hülle. Er bezog mit einem deutlichen Architekturzeichen aus Stahl und Glas eine überzeugende Gegenposition zur NS-Architektur. Ein

Das 2001 eröffnete „Dokumentationszentrum Reichsparteitage" im Kopfbau der Kongresshalle

130 m langer, gläserner Gang bohrt sich diagonal durch das Gebäude. Im Obergeschoss ist die Dauerausstellung

**Dokumentationszentrum
Reichsparteitagsgelände**

Bayernstr. 110, Tel.: 09 11/2 31-56 66
dokumentationszentrum@
ref4.stadt.nuernberg.de
www.museen.nuernberg.de
Geöffnet: Mo. bis Fr. 9–18 Uhr, Sa.+So. 10–18 Uhr

„Faszination und Gewalt" präsentiert. Daneben bietet das Studienforum in Seminarräumen ein pädagogisches Programm für Schulklassen, Jugend- und Erwachsenengruppen zur vertiefenden Beschäftigung mit der Geschichte des Nationalsozialismus.

Auf der gegenüberliegenden Seite des Dutzendteiches verwittern die Reste der Tribünenanlage des **Zeppelinfeldes** (1935–37) fast ungenützt. Hier lockt einmal jährlich

Die kolossale, unvollendete Kongresshalle des Hitlerregimes

Tribünenanlage des Zeppelinfeldes

das bekannte Noris-Ring-Rennen die Massen auf die Tribünen. Von hier aus warfen einst 130 Flakscheinwerfer einen Lichtdom von ca. 8000 m Höhe ins Dunkel. Von dem kleinen Vorbau an der Haupttribüne sprach Hitler damals zu den Massen wie 1938, als rund 1 Million seiner Anhänger nach Nürnberg kamen.

Für sie hatte der Führer die Reichskleinodien von Wien nach Nürnberg zurückbringen und in der ehemaligen Katharinenkirche ausstellen lassen.

Er selbst residierte im „Hotel Deutscher Hof", Frauentorgraben 29, am südlichen Altstadtrand neben dem Opernhaus.

Im **Justizpalast** in der Fürther Straße 110, westlich der Altstadt, vollzog sich schließlich das Schicksal der NS-Führer im Schwurgerichtssaal 600. Anlässlich des berühmten „Nürnberger Prozesses" waren die Hauptangeklagten in der angeschlossenen Haftanstalt hinter dem Gerichtsgebäude untergebracht. In Zelle 413 saß Hermann Göring ein, der sich der Vollstreckung des Todesurteils durch Selbstmord entzog.

Die zum Tod Verurteilten, unter ihnen Stürmer-Herausgeber Streicher, wurden gehängt. Ihre Hinrichtung fand in den frühen Morgenstunden des 16. Oktober 1946 in der alten (inzwischen abgerissenen) Sporthalle des Nürnberger Gefängnisses statt. Die Leichen der Hingerichteten wurden anschließend in einem Münchener Krematorium verbrannt und ihre Asche in einen Nebenbach der Isar ausgestreut.

Schwurgerichtssaal 600

Landgericht Nürnberg-Fürth
Fürther Str. 110
Tel.: 09 11 / 2 31 56 66
museen@stadt.nuernberg.de
www.museen.nuernberg.de

Wegen Umbau bis Oktober 2010 geschlossen.

Der Nürnberger Christkindlesmarkt

Bereits seit Beginn des 17. Jahrhunderts gibt es in der Vorweihnachtszeit in Nürnberg den Christkindlesmarkt, den ältesten Deutschlands. Seine Einrichtung geht auf die von Martin Luther eingeführte Sitte zurück, an Weihnachten

Dem Christkindlesmarkt bieten Frauenkirche und Schöner Brunnen eine stimmungsvolle Kulisse

die Kinder zu beschenken. So bieten die Inhaber der rund 150 Buden und Stände noch heute Spielzeug und Christ-

baumschmuck in tausendfältigen Variationen an, aber auch einheimsche Spezialitäten wie Zwetschgamännla, Hutzelbrot und Lebkuchen. Dazwischen laden Verkaufsstände mit Nürnberger Rostbratwürsten und Glühwein – als Besonderheit der aus Heidelbeeren – zum Verweilen ein.

Die Frauenkirche und der Schöne Brunnen bilden die unnachahmliche Kulisse für diesen Markt, der jeweils am Freitag vor dem 1. Advent-Sonntag feierlich eröffnet wird. Dabei spricht das berühmte Nürnberger Christkind auf dem Balkon der Frauenkirche stehend den Prolog, der alle Kinder einlädt, zum Christkindlesmarkt zu kommen und sich auf das große Ereignis der Geburt Christi zu freuen. Jahr für Jahr lockt dieser Markt ca. 2 Millionen Besucher von nah und fern nach Nürnberg. Durch den oft übergroßen Andrang sollte es sich der Besucher – wenn möglich – so einrichten, dass er morgens oder erst gegen Abend zu einem beschaulichen Bummel den Markt besucht.

Auf dem Hans-Sachs-Platz, in unmittelbarer Nähe, ist seit ein paar Jahren ein Kinder-Weihnachtsmarkt aufgebaut mit Möglichkeit zum Spielen, zum Karussellfahren, Märchen anhören und zum einstimmen auf das große Fest.

Christkindlesmarkt:

Freitag vor dem 1. Advent bis Heiligabend 14 Uhr.
Mo. bis Mi. 9 –20 Uhr
Do. bis Sa. 9–21 Uhr
So. ab 10.30–20 Uhr

Rund um Nürnberg

Die Nachbarstadt **Fürth** offenbart erst dem genaueren Betrachter ihre städtebaulichen Qualitäten. Bis zum Beginn des vorigen Jahrhunderts diente der damals bäuerliche Marktflecken jahrhundertelang drei Landesherren als Zankapfel: die Bischöfe von Bamberg, die Markgrafen von Ansbach und die Reichsstadt Nürnberg beanspruchten das Territorium. Nachdem Fürth 1806 zu Bayern gekommen war und 1835 die erste deutsche Eisenbahn von Nürnberg hierher führte, begann eine stürmische Entwicklung zur bedeutenden Industrie- und Handelsstadt. Bäuerliche Gehöfte mit fränkischem Fachwerk – wie der idyllische Stadlerhof –, sehenswerte Winkel und Gässchen sowie repräsentative Fassaden – wie die der Hornschuchpromenade (um 1872), des Stadttheaters (1901/02) und des Burgfarrnbacher Schlosses (1830–34), heute Stadtmuseum – sind harmonisch in das Bild einer modernen Großstadt eingefügt.

Ein vielfältiges Angebot an Sportstätten hat dazu beigetragen, dass Fürth in die Annalen der Sportgeschichte eingegangen ist: die SpVgg Fürth war dreimal deutscher Fußballmeister, Turner und Leichtathleten gewannen olympische Goldmedaillen. Spazier- und Wanderwege führen durch Grünanlagen und Parks, den reizvollen Stadtwald entlang der weiten Flusstäler. Den Höhepunkt der zahlreichen Volksfeste bildet die Kirchweih, die vermutlich bereits seit der Weihe der Michaelskirche (11./12. Jahrhundert) gefeiert wird. Die heutige Zeremonie mit dem Erntedankfestzug hat sich nach dem 30jährigen Krieg herausgebildet und lockt jährlich über 100.000 Zuschauer an.

Etwa 15 km weiter nördlich liegt – eingebettet zwischen Fränkischer Schweiz, Steigerwald und Knoblauchsland – die Universitäts- und Industriestadt **Erlangen**, ein Zentrum von Forschung und Technik, Geburtsstadt des Physikers Georg Simon Ohm. Gemütliche Studentenkneipen, gutbürgerliche Lokale und Spezialitätenrestaurants wetteifern um die Gunst der einheimischen und auswärtigen Gäste, denen ca. 3000 Betten angeboten werden. Einen guten Ruf genießt das Kongresszentrum Erlangen im

Zentrum der Stadt, die durch 7 direkte Autobahnanschlüsse und den nahen Flughafen Nürnberg aus jeder Richtung günstig zu erreichen ist. Um den großen Schlossgarten in der Innenstadt reihen sich sehenswerte Barockbauten mit dem Markgrafentheater, dem ältesten noch bespielten Barocktheater Süddeutschlands. Das ca. 180 km lange Radwegenetz führt durch Kiefernwälder und Kirschgärten, Tabak-, Spargel- und Kartoffelfelder in der Umgebung. Wer das wohl schönste Volksfest Nordbayerns kennenlernen will, sollte an Pfingsten die Erlanger Bergkirchweih besuchen. Seit fast 250 Jahren wird es auf den Bierkellern am Burgberg gefeiert.

Knapp 20 km südlich von Nürnberg liegt die alte Goldschlägerstadt **Schwabach,** in der dieses seltene Gewerbe auch heute noch ausgeübt wird. Handel und Industrie bilden die Grundlage für die liebevolle Pflege der von der Geschichte hinterlassenen Schätze. Beeindruckt stehen wir auf dem romantischen Königsplatz mit dem „Schönen Brunnen" (1716), betrachten das Rathaus und die hochgiebeligen Bürgerhäuser. Hier weilten Fürsten als Gefangene und hohe Gäste wie z.B. Goethe, der drei Mal in Schwabach übernachtete.

Sehenswert ist die Stadtkirche St. Johannis und St. Martin (15. Jahrhundert), bei deren Bau man Adam Kraft zu Rate zog. Der spätmittelalterliche Schreinaltar kommt aus der Werkstatt Michael Wolgemuts, wobei die Schnitzfiguren wohl aus dem Umkreis von Veit Stoß stammen. Die Glasgemälde für die Chorfenster lieferten Veit Hirsvogel und seine Werkstatt.

Reste der alten Stadtbefestigung wie das Hördlertor mit der alten Linde vervollständigen den geschlossenen Charakter dieser Kleinstadt. Schöne Spazierwege führen durch das Schwabach- und das Rednitztal, auf den Heidenberg, durch Wiesen und Wald in die Umgebung, die freundlich und gastlich ist wie das Städtchen selbst.

Zusammen mit Nürnberg, Fürth und Erlangen bildet Schwabach eine wichtige Städteachse entlang dem Europakanal inmitten des schönen Frankenlandes.